# *Juizados Especiais Criminais*
## *Lei nº 9.099/95*

**COMENTÁRIOS E CRÍTICAS AO MODELO CONSENSUAL PENAL**

G362j  Gerber, Daniel
       Juizados especiais criminais: Lei nº 9.099/95: comentários e críticas ao modelo consensual penal / Daniel Gerber, Marcelo Lemos Dornelles. – Porto Alegre: Livraria do Advogado Ed., 2006.
       158 p.;  23 cm
       ISBN  85-7348-421-7

       1. Juizado especial criminal. I. Dornelles, Marcelo Lemos. II. Título.

                                                    CDU – 347.919.3

       Índice para o catálogo sistemático:
       Juizado especial criminal

           (Bibliotecária responsável: Marta Roberto,  CRB-10/652)

**DANIEL GERBER**
**MARCELO LEMOS DORNELLES**

# *Juizados Especiais Criminais*
## *Lei nº 9.099/95*

**COMENTÁRIOS E CRÍTICAS AO MODELO CONSENSUAL PENAL**

Porto Alegre 2006

©
Daniel Gerber
Marcelo Lemos Dornelles
2006

Capa, projeto gráfico e diagramação de
Livraria do Advogado Editora

Revisão de
Rosane Marques Borba

Direitos desta edição reservados por
**Livraria do Advogado Editora Ltda**.
Rua Riachuelo, 1338
90010-273  Porto Alegre  RS
Fone/fax: 0800-51-7522
editora@livrariadoadvogado.com.br
www.doadvogado.com.br

Impresso no Brasil / Printed in Brazil

À Claudia, meu suporte garantista contra todas as penas do mundo; à Ilana, mesmo pedaço meu, que segue independente e me orgulha a cada dia; à Georgia, meu amor, por uma vida justa para nós e nosso futuro.

*Daniel Gerber*


Dedico este trabalho à Giovana, minha mulher, e aos meus filhos Matheus e Gabriella, por suportarem minha ausência para atender interesses acadêmicos.

*Marcelo Lemos Dornelles*

# Prefácio

É sempre motivo de honra ser escolhido para apresentar uma obra intelectual. No caso dos autores Marcelo Dornelles e Daniel Gerber, a amizade e os pontos de vista que nos aproximam justificam a opção. Por outro lado, apresentar um livro não significa comprometer-se com as idéias, mas no mínimo deve haver concordância com a matriz ideológica.

O livro é escrito em momento oportuno, tendo em vista que a lei dos Juizados Especiais Criminais completa dez anos, e nada melhor do que fazer uma análise da norma, tão comentada abstratamente, e da realidade vivida.

Por mais esforço que se empreenda, é impossível fazer a apresentação de um livro sem passar pela discussão da crise política e institucional brasileira. Enquanto uns passam fome, morrem nas filas de hospitais aguardando atendimento, trabalham honestamente, lutam para transmitir princípios éticos e preservar a dignidade, outros desprezam todos os princípios que estruturam um estado democrático de direito, envolvendo-se em condutas que atentam contra toda a coletividade e fazem disso um deboche. Fala-se em cifras de milhões de reais da mesma forma que o cidadão comum trata de valores para pagar contas de luz, água ou telefone. Aliás, os meio-cidadãos, que são mais de 80% da população, assistem pateticamente ao "espetáculo", sem ter noção do que tudo isso representa.

Essa mesma crise que aflige o Brasil no aspecto político e institucional também pode ser retratada nos instrumentos de controle social utilizados pelo Estado. Nos últimos anos, tem-se assistido a verdadeiro descalabro na política de segurança pública, dirigida por pessoas sem nenhuma qualificação para instituir uma política governamental duradoura. Já houve ministro da justiça que sugeriu instalação de postes de luz nas "bocas de fumo" para combater o tráfico, sob o argumento de que, ficando iluminado o local o comércio de drogas seria inibido. Acredite se quiser [...]

O Direito Penal está sendo utilizado pelo Estado como única forma de controle social. A resposta estatal diante da violência restringe-se à edição tresloucada de leis incriminadoras, gerando um manancial inesgotável de tipos penais. Tudo vira crime. E se tudo é crime, nada é crime, porque o Estado não alcança 95% dos crimes praticados. Surge o processo de anomia social apontado por Merton. O cidadão não acredita mais nas instituições estatais para a solução de seus conflitos. E, para piorar, o Estado ainda desarma a população ordeira, que já é vítima de toda a sorte de agressões, e sequer pode exercer o direito de legítima defesa.

No Brasil, o Direito Penal constitui-se numa pequena teia de aranha, destinada a apanhar pequenos insetos, enquanto a maioria dos "animais" ignora sua existência.

Teorias medíocres denominadas "lei e ordem", "tolerância zero" e "janelas quebradas" aparecem como soluções pontuais para tirar mendigos e prostitutas das ruas, mas não apresentam soluções para a criminalidade "pesada". O Estado-paralelo é um desafio sem solução.

A situação é grave. Nossa sorte é que pobre não pensa, a não ser em comida. E agora, para completar, está desarmado. Portanto, tudo continuará igual como sempre foi.

A promiscuidade entre o capitalismo e a classe política gera o maior fenômeno de violência social, porém o Direito Penal é destinado à patuléia.

Centrando o assunto sobre o tema do livro, observa-se que houve necessidade de um abrandamento sensível dos meios punitivos. Não porque o Estado tivesse ficado "bonzinho", mas porque não há mais espaço físico nas cadeias. Os americanos, estúpidos e obsessivos por prisões, têm mais de DOIS milhões de pessoas enjauladas. O Brasil possui menos de 300 mil, e mesmo assim o sistema penitenciário já estourou há muito tempo.

Soluções adotadas: medidas despenalizadoras (Lei nº 9.099/95) sem *abolitio criminis* e penas alternativas à prisão

(Lei nº 9.714/97). Assim, garante-se o *enforcement* do Direito Penal, punindo em torno de 5% da massa criminógena.

Apesar da crise que se abala sobre o modelo penal brasileiro, não pode ser desprezado o princípio da intervenção mínima, que encontra nos Juizados Especiais Criminais uma medida adequada contra o exagero da perseguição de crimes insignificantes.

Embora possa parecer sem relevo a discussão acerca dos Juizados Especiais Criminais, em face de todo o manancial de obras escritas sobre o tema, os autores Marcelo Lemos Dornelles e Daniel Gerber conseguiram uma verdadeira proeza jurídica. A criatividade na elaboração da presente obra é algum incomum, porque não se trata de "selecionar", "copiar" e "colar" textos.

Os autores expõem sua experiência de vida concreta, que os credencia a fazer uma abordagem acerca das normas escritas e de sua aplicabilidade prática, trazendo doutrina recente e decisões judiciais sobre matérias polêmicas.

O livro agrada desde o início, tanto pela forma de escrever, quanto pela ordem das idéias e sua abordagem.

Esta obra apresenta peculiaridades interessantes, eis que trata da abordagem de temas que colocam lado a lado idéias de um membro do Ministério Público e de um advogado criminalista, com formação garantista.

Assim, as normas apresentam análise com enfoque de dois profissionais da área e não se restringe a meros comentários de intelectual de gabinete que não tem noção do que é a vida.

Marcelo e Daniel são dois jovens juristas que têm os pés na realidade e os olhos voltados para a ciência do Direito, levando em conta as mais recentes conquistas da humanidade na era dos direitos fundamentais. Sabem que uma das crises do Direito Penal brasileiro é a incoerência e a falta de técnica legislativa para compreender o sistema penal como um todo.

A hipertrofia da legislação do terror, sem nenhum critério sistemático que se harmonize com os paradigmas constitucionais, aliada à ausência de uma política de segurança pública e de uma cultura jurídica das casas legislativas, produz o caos das leis e dos sistemas. "Severinos" fazem leis, e "juristas" as aplicam cegamente. Pobre país.

Marcelo e Daniel acreditam naquilo que dizem, portanto merecem toda nossa consideração e respeito. A abordagem simples, objetiva e técnica valoriza sobremaneira a obra, que pode ser considerada uma síntese de tudo que já foi escrito sobre o tema. O capítulo das questões controvertidas desperta especial interesse aos operadores do Direito.

A experiência vivida, aliada à visão doutrinária e jurisprudencial sobre os Juizados Especiais Criminais, torna obrigatória a leitura pelos profissionais do Direito que se interessam pelo tema, notadamente quando se comemoram os dez anos da Lei nº 9.099/95.

Parabéns pela iniciativa e pela coragem.

*Gilberto Thums*
Procurador de Justiça. Professor de Direito e de Processo Penal.
Mestre e especialista em Ciências Criminais

# Sumário

Introdução . . . . . . . . . . . . . . . . . . . . . . . . . . . 13

**Capítulo I – Processo Penal e Ideologia** . . . . . . . . . . . . . . 17
   1. Direitos de primeira geração: Direito Penal e Processual Penal . 19

**Capítulo II – Princípios Processuais Penais** . . . . . . . . . . . . 27
   1. Princípio da Obrigatoriedade . . . . . . . . . . . . . . . . . 28
   2. Princípio da Indisponibilidade . . . . . . . . . . . . . . . . 29
   3. Princípio da Oficialidade . . . . . . . . . . . . . . . . . . 30
   4. Princípio da Indivisibilidade . . . . . . . . . . . . . . . . . 30
   5. Princípio da Intranscendência . . . . . . . . . . . . . . . . 30
   6. Princípio da Legalidade. . . . . . . . . . . . . . . . . . . . 31
   7. Princípio da Intervenção Mínima . . . . . . . . . . . . . . . 31
   8. Princípio da Culpabilidade . . . . . . . . . . . . . . . . . . 32
   9. Princípio da Presunção de Inocência (ou da Não-Culpabilidade) . 33
   10. Princípio da Humanidade . . . . . . . . . . . . . . . . . . 35
   11. Princípio da Oportunidade . . . . . . . . . . . . . . . . . . 37

**Capítulo III – Lei nº 9.099/95** . . . . . . . . . . . . . . . . . . 41
   1. Antecedentes históricos . . . . . . . . . . . . . . . . . . . 41
   2. Direito Comparado . . . . . . . . . . . . . . . . . . . . . . 44
      2.1. A Transação Penal no sistema penal italiano . . . . . . . . 44
      2.2. A Transação Penal no sistema penal português . . . . . . 46
      2.3. A Transação Penal no sistema penal norte-americano . . . 47
      2.4. A Transação Penal no sistema penal alemão . . . . . . . . 48
   3. Comentários à Lei . . . . . . . . . . . . . . . . . . . . . . . 49
      3.1. Atos Inexistentes . . . . . . . . . . . . . . . . . . . . . 61
      3.2. Atos Nulos/Atos Irregulares . . . . . . . . . . . . . . . . 62
      3.3. Ato Absolutamente Nulo . . . . . . . . . . . . . . . . . 62
      3.4. Ato Relativamente Nulo . . . . . . . . . . . . . . . . . . 63

**Capítulo IV – Questões Controvertidas** . . . . . . . . . . . . . . . . 113
1. Princípio da Insignificância x crimes de menor potencial ofensivo . 113
2. Descumprimento da Transação Penal . . . . . . . . . . . . . . . 116
3. Ação Penal de Iniciativa Privada – aplicações dos institutos . . . 121
4. Crimes Conexos . . . . . . . . . . . . . . . . . . . . . . . . . . 124
5. Concurso de Crimes de Menor Potencial Ofensivo (material, formal, continuado) . . . . . . . . . . . . . . . . . . . . . . . . 126
6. Desclassificação de crime da competência do Tribunal do Júri e da Justiça Comum para crime de menor potencial ofensivo . . 128
7. Justiças: Federal, Militar e Eleitoral . . . . . . . . . . . . . 129
8. Estatuto do Idoso . . . . . . . . . . . . . . . . . . . . . . . . 134
9. Violência Doméstica . . . . . . . . . . . . . . . . . . . . . . 136
10. Justiça Terapêutica . . . . . . . . . . . . . . . . . . . . . . 139
11. Justiça Restaurativa . . . . . . . . . . . . . . . . . . . . . . 145
12. Transação Penal: uma nova modalidade de ação penal . . . . . 148

Bibliografia . . . . . . . . . . . . . . . . . . . . . . . . . . . . . . . 157

# Introdução

A presente obra é fruto de uma série de pesquisas, de experiências profissionais e do exercício de magistério superior por parte dos dois autores. A idéia do desenvolvimento do tema decorreu da passagem dos 10 anos da vigência da Lei n° 9.099/95, que foi a mais importante legislação penal e processual penal dos últimos 60 anos, que revolucionou o estudo e a aplicação do direito processual penal brasileiro, ao instituir a justiça penal consensual.

Conhecidos no meio acadêmico por algumas divergências de posicionamentos, já que um dos autores é Promotor de Justiça, e o outro é Advogado Criminalista, resolveram os autores trazer à baila nesta obra os pontos comuns sobre o tema, mas também aqueles em que a divergência é insuperável, possibilitando aos leitores o conhecimento dos posicionamentos jurídicos antagônicos entre aqueles que vêem o direito sob a ótica do indivíduo acusado da prática de um delito e aqueles que vêem no direito uma forma de defesa e de controle social.

Não se pretendeu esgotar o tema, mas abordá-lo em todos os aspectos fundamentais, com comentários sobre todos os artigos da lei, no tocante ao direito processual penal e com a opinião dos autores sobre vários temas controvertidos.

No primeiro capítulo, tratamos do processo penal e da ideologia que o cerca, trazendo parte dos fundamentos do sistema garantista, de forma limitada às pretensões deste estudo, no sentido de que, após conviver com regimes totalitários, o homem passou a buscar um sistema que pudesse protegê-lo do próprio Estado, já que governado por homens, surgindo daí os direitos de primeira geração: direito penal e direito processual penal. Tratamos do processo penal como princípio da busca da verdade, como corolário lógico da existência de um processo enquanto instrumento limitador do poder de punir até se chegar à Lei nº 9.099/95, que instituiu soluções consensuadas para o processo, abdicando da busca pelo juízo de verossimilhança em prol da solução imediata para o caso. Ainda neste capítulo, fazemos uma análise dos mais importantes princípios de direito penal, como os da legalidade, intervenção mínima, culpabilidade, humanidade, dentre outros, bem como analisamos alguns dos princípios de direito processual penal, como os da obrigatoriedade, da indisponibilidade, da presunção de inocência (ou da não-culpabilidade) etc. A idéia é centrar a discussão do tema a partir dos princípios que o regem, não se limitando à dogmática jurídica, sistematizando com base nos princípios a análise dos novos institutos despenalizadores criados pela Lei nº 9.099/95.

No segundo capítulo, comentamos a Lei nº 9.099/95, abordando seus antecedentes históricos, origem, projetos de lei e substitutivo, que resultaram no texto final aprovado e promulgado. Após, fazemos uma pequena incursão do direito comparado, verificando o tratamento dado aos crimes de menor potencial ofensivo, em especial à transação penal, em países importantes como os Estados Unidos da América, a Alemanha, a Itália e Portugal, apontando o que há de comum e de diferente entre o nosso sistema e o desses países referidos. Por fim, fazemos comentários da Lei por artigos, desde o 60 até o 97, que são aqueles que cuidam da parte penal da Lei, sempre com nossa posição jurídica sobre os temas comentados.

No terceiro e último capítulo, reservamos algumas questões controvertidas da Lei em destaque, para que o leitor possa diretamente conhecer nosso posicionamento a respeito desses temas palpitantes na doutrina e na jurisprudência a respeito da Lei nº 9.099/95. Selecionamos temas como princípio da insignificância, descumprimento da transação penal, ação penal privada, crimes conexos, concurso de crimes, desclassificação de crimes, justiças especializadas, natureza jurídica da transação penal e também temas novos como Estatuto do Idoso, violência doméstica, Justiça Terapêutica e Justiça Restaurativa.

Ao fim, esperamos que as divergências apontadas entre nós próprios possam sinalizar ao leitor a nossa crença no debate aberto como forma única de se fazer evoluir o Direito, eis que fugir do consenso é, também, estimular a busca do novo e, conseqüentemente, obrigação maior do operador jurídico comprometido com a ciência.

Capítulo I

# Processo Penal e Ideologia

Em oportunidade outra, onde também analisava – ainda que indiretamente – a ação e o processo penal, afirmou-se, fazendo coro com as palavras de Figueredo Dias,[1] que o processo penal de um país traduz, de forma direta, o seu sistema político vigente, seja da democracia ao autoritarismo e vice-versa.

Em verdade, ao se destacar a ideologia que permeia o processo penal, apenas corrobora-se a relação que Hannah Harendt[2] tão bem explicita entre cultura e poder. Sabe-se, e a história é testemunha disso, que os aparatos de legitimação do exercício de poder nada mais são do que meros reflexos do caldo cultural que legitima o poder em si.[3]

No caso de nossa sociedade, por exemplo, é de se marcar que estamos, ainda, na idade moderna (e tal marcação se dá com fulcro na história das idéias), ou seja, somos ainda voltados à preservação do indivíduo como eixo central de nosso sistema e, neste diapasão, comprometidos com os ideais que inspiraram a queda do *ancién* regime.

Ainda que se partindo de uma visão eurocentrista, o fato é que o novo mundo fundou suas premissas jurídicas em paradigmas tais como liberdade e igualdade,[4] passo este que

---

[1] Gerber, Daniel. *Prisão em flagrante: uma abordagem garantista.* Porto Alegre: Livraria do Advogado, 2002.

[2] Vide, a respeito, ARENDT, Hannah. *Eichmann em Jerusalém.* São Paulo: Companhia das Letras, 1999.

[3] Reconhece-se que, com tal afirmação, acabamos por assumir uma posição tipicamente marxista, qual seja a eterna divisão do social em classes, no caso as que detêm poder e o legitimam através de cultura e repressão e, de outra banda, os que não detêm dito poder e que, por isso, são condicionados pela cultura ditada e severamente repreendidos quando não se amoldam aos padrões de normalidade vigentes.

[4] Deve-se recordar que o Iluminismo europeu, consoante JOSÉ CARLOS M.S. FILHO, "[...] é, basicamente, uma visão histórica do mundo que transforma o 'ser' do 'outro' em um 'ser, de 'si mesmo'", ou seja, o paradigma da igualdade, tão alardeado por essas bandas como sinônimo de justiça pode – e isto é o que efetivamente costuma ocorrer – transformar-se na negação do "outro" enquanto valor a ser preservado e,

alça o direito penal e o processual penal ao patamar de garantias individuais ante o poder de punir ou, consoante expressão bem cunhada por Ferrajoli,[5] em uma garantia biunívoca estendida ao indivíduo em prol de seu direito à liberdade.

Neste sentido, a marca do Estado Moderno é, justamente, a concentração do *ius puniendi* em suas mãos. A burguesia recém-vitoriosa, ainda que informada por uma matriz de cunho absolutamente liberal,[6] percebe que o excesso deste bem tão precioso chamado liberdade acaba por ser contraproducente, tanto pelo ponto de vista "oficial" (estruturação de uma sociedade de iguais) quanto pelo "paralelo" (estrutura capitalista burguesa).[7] Cria, assim, o Estado, outorgando-lhe o monopólio do direito de punir e recebendo em troca o direito de perseguição (*ius persequendi*).

Percebe-se, aqui, que o Estado surge como entidade destinada a proteger o homem do próprio homem, corroborando-se, nesta obra, a idéia hobbesiana do *lupus homini lupi*.

Não obstante tal asserção, não se deseja, aqui, partir-se da distinção maniqueísta entre o "bom selvagem" e o "homem mau". Pelo contrário, ao afirmar-se que o homem é seu próprio lobo, quer-se dizer, apenas, que nossa natureza, historicamente, nos conduz à opressão do próximo, passo este que se exerce através da força física, econômica, cultural, enfim, através de todo e qualquer meio disponível. Isto, no entanto, não torna o homem adjetivável enquanto "bom" e "mau". Pelo contrário, esta característica está mais para substantivo do que para adjetivo, eis que este é, simplesmente, o homem. Se

---

pior, sua assimilação e transformação em "si mesmo" (*Revista do ITEC*, n° 07, 2002, p. 104).

[5] FERRAJOLI, Luigi. *Derecho y Razón, teoría del garantismo penal*. Madrid: Editorial Trotta, 2000.

[6] E, sem dúvida, uma das obras que melhor espelha o liberalismo burguês ora referido e seu principal consectário jurídico, qual seja o *pacta sunt servanda* e os direitos de primeira geração, de autoria de um "certo bardo", é "O Mercador de Veneza".

[7] Neste sentido: "Historicamente o capitalismo recorreu ao sistema penal para duas operações essenciais: 1°. Garantir a mão-de-obra; 2°. Impedir a cessação do trabalho. Para garantir a mão-de-obra, criminalizava-se o pobre que não se convertesse em trabalhador [...]. Com a revolução industrial, o esquema jurídico ganhou feições mais nítidas: criou-se o delito de vadiagem [...]. Para impedir a cessação do trabalho, criminalizava-se o trabalhador que se recusasse ao trabalho tal como ele 'era': criou-se o delito de greve [...]". NILO BATISTA, *Punidos e Mal Pagos*, p. 35.

alguns gostam e outros não, nada se pode fazer, pois continuaremos a ser "homem" e, nesta linha, continuaremos a exercer o poder contra o próximo.

No entanto, criado o Estado como proteção do homem contra o homem, é de se questionar: o que servirá de proteção ante o poder ora centralizado nesta figura institucional?

Os modelos de Estados totalitários dos séculos XVIII e XIV, através das figuras dos déspotas esclarecidos, apenas demonstram que o Estado, governado por homens, poderia – e assim o era – ser tão danoso ao indivíduo quanto às formas de poder que o precediam. Desta maneira, o homem passa a buscar um sistema que possa protegê-lo do próprio Estado, surgindo, de tal busca, o conceito de "direitos de primeira geração" e, conseqüentemente, quase como sinônimos, os conceitos modernos de direito penal e processual penal.

## 1. Direitos de primeira geração: Direito Penal e Processual Penal

Tanto o princípio da legalidade inicialmente proposto por FEURBACH quanto o próprio funcionamento do processo penal demonstram, em sua origem, a única razão de sua existência, qual seja limitação do exercício do *ius puniendi* por parte do Estado. Nesta senda, a imposição de que o Estado somente possa interferir na esfera privada do indivíduo, em caráter penal, quando houver previsão expressa em lei de um determinado comportamento nada mais é do que garantir, a este mesmo indivíduo, espaços de liberdade onde não poderá ser atingido pela atuação estatal. Encontra-se, pois, protegido do Estado, exercendo sua plena liberdade, em qualquer atitude que deseje adotar, desde que não prevista em Lei.

No entanto, tal garantia, por si só, não basta. Para aqueles que, porventura, fossem acusados de praticar um dos atos previamente descritos em lei, o sistema de garantias se desdobra através do processo penal, seja para possibilitar a prova de inocência, seja para possibilitar a própria defesa. Desta maneira, o processo penal, impondo-se com o caminho único para que o Estado possa exercer seu direito de punir, enquadra-se como uma segunda garantia individual ante referido poder, surgindo, aqui, o conceito de garantia biunívoca ao indivíduo.

Volta-se a afirmar que, na ótica moderna, o processo penal detém uma relação de complementariedade necessária para com o direito penal; da mesma maneira que este último se encontra submetido ao princípio da legalidade, a aplicação da lei no caso em concreto encontra-se submetida ao princípio da jurisdicionalidade. Desta maneira, a simples ocorrência de um fato descrito anteriormente em lei não gera direito à punição, enquanto fenômeno; pelo contrário, para que este direito passe a incidir sobre a conduta praticada pelo agente, deverá ser respeitado, necessariamente, o caminho do devido processo penal.

O processo, então, é o caminho pelo qual o Estado deverá – obrigatoriamente – passar para declarar a existência de um delito e impor a sua pena correspondente.

Se percebermos que o Estado, seja representando a si mesmo (Estado-administração/Poder Judiciário), seja representando a sociedade (Estado-sociedade/Ministério Público), ao deter – de fato – força e poder, não precisaria de caminhos burocratizados, publicizados e passíveis de contestação para exercer seus dotes, ficará fácil a constatação de que a existência e a necessidade de observá-los apenas obstaculiza o livre exercício de tais poderes. Tem-se, daí, que o processo penal se ergue como uma garantia ao indivíduo frente ao exercício de poder do Estado. O processo é o caminho necessário a ser observado pela Instituição quando se fizer provável a incidência do direito material sobre um caso em concreto, e tal caminho nada mais é do que o *meio e o limite* ao exercício de tal poder. Em outras palavras, o processo penal traduz a delicada equação que existe – sempre tensionada – entre interesse social (aplicação da pena) e interesse individual (garantias de liberdade), eis que, ao afirmar quando se pode punir afirma, também (por exclusão), quando não se pode.

Volta-se à carga, eis que tal entendimento, infelizmente, não é o alardeado por boa parte de doutrina: da mesma forma que o direito penal surge como limite ao direito de punir do Estado, o processo penal também serve como manobra de garantia ao indivíduo, afastando-o da simples vontade punitiva do Estado e obrigando este último à, sempre que desejar exercer seu direito de punir, reconhecer e respeitar os direitos cabíveis ao cidadão. Tem-se, então, que o processo penal é o caminho necessário a ser observado para que possa ocorrer a aplicação de uma lei penal, caminho este que surge não para legitimar ou possibilitar a atividade do Estado, mas sim para garantir os direitos do indivíduo de não sofrer nenhuma espécie de represália injusta e desmedida. É, desta maneira, *um complemento necessário, um instrumento (garantia instrumental) apto à efetivação das garantias penais materiais (meio e limite).*

O teor de tal garantia encontra-se expresso no brocardo *nulla culpa sine judicio*, ou seja, *não existirá nenhuma declaração de reprovabilidade sobre um ato praticado por particular sem que, primeiro, a análise deste ato tenha sido submetida ao crivo da jurisdição.* Deste princípio, depreendem-se vários outros como conseqüência: na medida em que não há culpa, e na medida em que a culpa nada mais é do que o elemento integrador de um delito, tem-se, também, que: 1) *não há delito (entendido este enquanto critério formal de existência)*; não havendo culpa nem delito; 2) *não haverá, também, pena.* Em suma, de nada adianta a previsão legal e o ato em concreto, eis que a tipicidade somente irá incidir e gerar suas conseqüências através do caminho processual.

Como afirmado alhures, o caldo cultural que permite a interpretação do processo como garantia instrumental da liberdade fornecida ao indivíduo nos remete ao século XVI, com o nascimento do Iluminismo; tal movimento, em contrapartida à sociedade feudal, erige como pilares de sustentação do corpo social a racionalidade e a igualdade de seus componentes. Desta maneira, primeiro, o Estado já não mais representa a vontade de um, mas sim, de todos; não mais impõe suas vontades, pronunciando-se frente às necessidades que lhe chegam enquanto instituição. Segundo, considerando que todos são detentores dos mesmos direitos e obrigações, a punição, ao deixar de ser um "castigo do rei", imposto consoante sua vontade, e passando a ser uma necessidade social, deverá, para se impor sobre um "igual", respeitar as garantias deste último. Passa-se a respeitar o indivíduo frente à sociedade, e tal respeito concretiza-se nas garantias inerentes a ele de não se ver punido sem que tenha agido em desconformidade com a sociedade onde vive; para verificar-se tal desconformidade, revoga-se a vontade do príncipe e busca-se a averiguação da verdade do fato e, tal busca, ainda no intuito de garantir o indivíduo frente à atuação totalitária do estado, deverá obedecer a tal caminho.

O processo legitima-se, então, como este caminho necessário à imposição da pena; torna-se uma garantia ativa do indivíduo, eis que, frente a um exercício de poder que tenha desrespeitado tal caminho, contará com remédios próprios para saná-lo (*habeas corpus*, por exemplo) e, também, uma garantia passiva, pois o mesmo, substituindo o exercício arbitrário de poder, concede ao indivíduo a ampla defesa, contraditório etc.

Desta configuração do processo como garantia ao indivíduo frente à intervenção do Estado, surge uma questão de crucial importância: De que maneira o processo limita, efetivamente, o poder de punir do Estado? Qual será o seu objeto eleito e que servirá como barreira intransponível ao referido poder?

O processo, inserido nesta ótica racionalista de preservação do indivíduo e da sociedade, não se prestará à busca de concretização de simples vontades do Estado; pelo contrário, na medida em que o limite do direito de punir do Estado se encontra no princípio da legalidade, ou seja, somente se pune um fato definido como delito, o processo somente poderá servir como instrumento de busca da verdade, ou seja, instrumento de reconstrução histórica do acontecido. A busca da verdade é, então, o objeto do processo, norteando sua existência e legitimidade (*veritas, non auctoritas facit iudicium*).

Neste aspecto, um processo somente será legítimo se estiver em busca desta verdade, ou seja, o processo deve deter um caráter cognoscitivo, e desta busca se erguem vários princípios devidamente reconhecidos por nós como, por exemplo, o princípio do contraditório.

Vale aqui destacar: o processo jamais poderá servir para a satisfação de vontades do Governo, ainda que democrático, eis que o exercício arbitrário de poder, ainda que exercido por uma maioria, não perde seu caráter de arbitrário (vide obra de Alexis de Toqueville); para não deixar margem a dúvidas quanto à ilegitimidade da maioria julgar (jurisdicionar) um determinado fato, tem-se que o próprio conceito de maioria exclui o espaço legítimo da minoria e do pensamento diverso. Desta maneira, colocar tal poder como instrumento de vontade da maioria nada mais é do que legitimar a exclusão dos dissidentes, ou seja, legitimar a exclusão do próprio indivíduo enquanto ser de idéias e vontades que lhe são próprias.

O princípio da verdade, então, transforma-se no corolário lógico da própria existência de um processo enquanto instrumento limitador do poder de punir – e a separação de Poderes, por exemplo, com a conseqüente autonomia do Poder Judiciário, torna-se necessária à manutenção de tal princípio; não há, nem mesmo por hipótese, que se versar sobre a intromissão de uma esfera administrativa junto ao *jurisdictum*, eis que ditas competências buscam resolver situações de cunho geral, enquanto a função judiciária, criada para defesa do indivíduo, resguarda interesses individuais que podem, inclusive e legitimamente, ir contra o próprio interesse geral.

Não se olvidando o até aqui afirmado, e mesmo em Estados que detenham processo e poder jurisdicional autônomo, tem-se que a própria busca da verdade deve sofrer limitações, e a existência ou não de tais limitações é que normalmente serve para configurar o modelo processual adotado dentre os dois já consagrados, acusatório e inquisitório.

A busca da verdade, desta forma, irá se guiar pela linha ideológica acima referida como informadora dos instrumentos processuais existentes em uma nação. Nos Estados autoritários, a verdade que se busca é uma "verdade" ética/política, também denominada "substancial" e tradicionalmente erigida sobre valorações, aspectos subjetivos que se faz acerca de determinados fatos. Nos Estados democráticos, por sua vez, estar-se-á a versar sobre um processo verdadeiramente cognoscitivista, ou seja, buscar-se-á a verdade, mas de uma forma limitada, controlável. A bem dizer, e tal ponto deve restar claro o conceito de "verdade", *ante as naturais limitações humanas e, principalmente, ante as garantias do indivíduo, é relativizado e cede seu espaço, em sede de processo penal, para um "juízo de verossimilhança"*.[8]

A Lei 9.099/95, ao instituir, como se verá adiante, soluções consensuadas para o processo, seja através de composição entre acusado e vítima, seja entre acusado e Ministério

---

[8] Frise-se: a busca da "verdade real" é uma falácia de cunho totalitarista e que, desta maneira, jamais deveria ser defendida como objeto do processo penal, eis que, em nome de tal falácia, erguem-se prisões indevidas, provas ilícitas, etc.

Público, abdica desta busca pelo juízo de verossimilhança em prol da solução imediata para o caso. Tal opção é, sem dúvida, arriscada, pois se a reconstrução do ocorrido servia, fundamentalmente, como garantia individual ante o direito de punir, o abandono de tal paradigma coloca este mesmo indivíduo, novamente, face a face com interesses outros, notadamente privados, que colocam em risco direitos que lhe são inalienáveis apenas por se preferir, em tais situações, a busca por uma espécie de eficiência processual que os ritos tradicionais, bombardeados pela mídia de nosso país, aparentam não demonstrar.

Tal ponto é sem dúvida importante: a solução consensuada gera, no espaço midiático, a falsa impressão de que o Poder Judiciário está, efetivamente, apresentando soluções pragmáticas para a pequena criminalidade, sem se dar conta de dois aspectos relevantes sobre o tema, quais sejam:

1.O simples fato de tal criminalidade se denominar "pequena", ou seja, de menor potencial ofensivo, já demonstra a insensatez do legislador em insistir no direito penal como fonte de solução para tais casos, eis que ignora todas as constantes interferências que a criminologia interacionista e crítica realizam sobre o saber dogmático ou, em outras palavras, ignora o fato de que dito processo continua a estigmatizar o ser processado sem, contudo, se fazer necessária a privação de liberdade, medida esta que resulta como única diferenciação concreta entre a responsabilização penal e civil;

2.Ignora, também, que o papel do Poder Judiciário, em uma sociedade que se acelera de forma cada vez mais impressionante é, justamente, criar um espaço temporal-reflexivo, ou seja, ignorar a ação enquanto tempo e privilegiar, neste contexto, a reflexão, passo este que, sem dúvida, demanda a aplicação de todos os princípios inerentes ao devido processo legal (contraditório, ampla defesa etc.) em um espaço temporal adequado, longo o suficiente para que as idéias ali debatidas possam ser ventiladas em sua plenitude, evitando-se, assim, as decisões adotadas no calor dos acontecimentos, com a raiva do particular e a pressão social induzindo, ainda que inconscientemente, a atuação do juiz.

Não obstante tais considerações, o fato é que as ditas soluções consensuadas cada vez mais se inserem no panorama político-processual brasileiro, cabendo-nos, pois, não apenas a crítica, mas, também, a obrigação de buscarmos proposições concretas que, no dia-a-dia do Judiciário, permitam que tais soluções causem o menor dano possível à figura do acusado e que sirvam de instrumento de pacificação social. Frisamos: propor soluções não significa concordar ou legitimar a idéia, eis que o adequado, em nosso ver, seria a descriminalização da maioria dos delitos de "menor" potencial ofensivo. No entanto, ante a notória impossibilidade de que ato como este venha a ocorrer nas próximas décadas, que se analisem os institutos, seus reflexos, suas atuações no mundo dos fatos e, ante esta análise, que surjam propostas de minimização de seus danos e a sua adequação ao objetivo do processo penal.

Capítulo II

# Princípios Processuais Penais

Os princípios que tradicionalmente regulam o Direito Penal e Processual Penal foram alvo de inúmeras análises desde a promulgação desta Lei. Neste sentido, tanto os defensores do Juizado quanto seus críticos vislumbraram, neste tema, várias exceções, bem-vindas ou perniciosas, às regras as quais nosso sistema jurídico encontrava-se vinculado, eis que, não importa o viés, a criação dos juizados especiais criminais (e da suspensão condicional do processo, para delitos de médio potencial ofensivo) significa uma simplificação do procedimento criminal previsto em nosso CPP.

Vale citar a sempre aguda e atilada visão de Alberto Silva Franco, que, através de um questionamento, expõe a espécie de dilema que se está a versar:

"Em lugar de fazer uso do princípio da subsidiariedade, o legislador privilegiou a criminalização recorrendo a um tipo de procedimento abreviado. Se era baixa a potencialidade ofensiva das contravenções penais e dos crimes a que a lei comine a pena máxima de um ano, por que não os descriminalizou e não relegou tais condutas à apreciação de outros meios formais de controle social? Por que, alguns anos depois, por meio da Lei 10.259/2001, alargou o conceito de pequena ofensividade para nele incluir os crimes a que a lei comine pena não superior a dois anos e multa? Por que, de forma oblíqua, pôs de lado a ressalva constante no art. 61 da Lei 9.099/95, que não aplicava o procedimento abreviado aos casos em que a lei previa procedimento especial? Não estaria, no Brasil, trilhando o mesmo caminho adotado na Argentina, onde o chamado procedimento abreviado, proposto para fatos delitivos de mínima relevância, possibilita hoje sua aplicação a fatos punidos com 'até seis anos de pena privativa de liberdade e, em certas conjunturas, ainda mais graves (Júlio Maier, op.cit., p. 278)? E tal caminho não conduziria, por meio de um falso consenso, a uma antecipada concretização do poder de punir?"[9]

Não obstante as diferentes visões que, ideologicamente, surgem no desvelar da Lei 9.099/95, o fato é que, consoante o afirmado, os princípios tradicionalmente utilizados em sede penal e processual penal sofrem remodelação ou reafirmação ante este novo diploma. Por força de tais constatações é que uma breve discussão sobre o tema se torna obrigatória.

## 1. Princípio da Obrigatoriedade

A ação penal, ante nossa atual Constituição, em seu art. 129, inciso I, é, predominantemente, de caráter público e, por isso, rege-se pelo princípio da obrigatoriedade. Através de tal entendimento, sempre que houver a constatação de ocorrência de um ato ilícito, o Estado, através da figura do Ministério Público, vê-se obrigado a, através do devido processo legal, averiguar o acontecido e prestar sua jurisdição.

Tal princípio tem por nascedouro a importância do bem jurídico tutelado por uma norma penal; o direito penal, ramo do direito público, deve, em princípio, tutelar tão-somente aqueles bens que, por sua valoração e importância, são tidos como fundamentais à sociedade em si. Alertando tal fato, Andrei Schmidt expõe, com singular clareza, que *Direito e Moral, apesar de sua fundamentação uniforme (já que ambos podem ser considerados como prescrições da atividade humana), devem ser considerados distintos entre si, pois, do contrário, a segunda anulará o primeiro [...]. Transportando-se tal ideologia para o Direito Penal, veremos que as proibições legais 'tolerantes' somente se poderão referir a condutas lesivas de um sujeito frente a outro [...]. A necessária lesividade do resultado condiciona toda justificação utilitarista do Direito Penal como instrumento de tutela, e constitui seu principal limite axiológico externo.*[10]

Em continuidade ao raciocínio, fazendo coro com Nilo Batista, o autor enumera uma série de quesitos a serem verificados quando da (des)criminalização de uma conduta:

---

[9] FRANCO, Alberto Silva. Prefácio do livro *Juizados Especiais Criminais*, de Maria Lúcia Karam, RT, 2004, p. 19.
[10] SCHMIDT, Andrei Zenkner. *O Princípio da Legalidade Penal no Estado Democrático de Direito*, p. 133-134.

*a) proibir a incriminação de uma atitude interna; b) proibir a incriminação de uma conduta que não exceda o âmbito do próprio autor; c) proibir a incriminação de simples estados ou condições existenciais; d) proibir a incriminação de condutas desviadas que não afetem concretamente qualquer bem jurídico.*[11]

Partindo-se dos pressupostos enumerados através do princípio da lesividade, torna-se facilmente perceptível ser, o princípio ora em comento, necessária conseqüência de uma agressão ao bem jurídico tutelado pela norma penal, eis que o interesse público tutelado exige, por parte do Estado, a realização da *persecutio criminis*.

O fundamento do princípio da obrigatoriedade está na impessoalidade dos interesses atingidos pelo crime, uma espécie de direito difuso, que faz com que o direito não pertença a ninguém individualmente, mas que, ao mesmo tempo, pertença a toda a coletividade. Sendo o Ministério Público a única instituição com atribuições para fazer a defesa judicial desses direitos, não podem os seus agentes dispor de direitos que não lhes pertencem, mas que elas apenas os tutelam como substitutos processuais.

A transação penal, cuja análise se fará adiante, não mitigou o princípio da obrigatoriedade. Ao contrário, havendo justa causa nos delitos de menor potencial ofensivo, permanece a obrigatoriedade da atuação do Ministério Público.

## 2. Princípio da Indisponibilidade

Referido princípio é o corolário lógico da obrigatoriedade da ação penal; não basta, ao Estado, iniciar uma persecução penal; exige-se que, após iniciar tal ato, dê continuidade a ele, somente cessando sua atividade quando da decisão final do processo. Desta forma, se, após iniciada a *persecutio criminis*, o Ministério Público, por motivos quaisquer, quiser desistir da ação, não poderá fazê-lo. Estará obrigado a conduzi-la até sentença (prestação jurisdicional), representando esta última um símbolo de encontro, por parte do Judiciário, da verdade real ou, dependendo do caso, um símbolo que

---

[11] SCHMIDT, Andrei Zenkner, ob.cit., p. 133-134.

demonstre a impossibilidade de encontrar-se o retrato de tal situação.

Em decorrência desse princípio é que, como regra, são vedados acordos e desistências no curso da ação penal pública. Exceções a este princípio são os institutos da transação penal e suspensão condicional do processo, temas adiante abordados.

### 3. Princípio da Oficialidade

Deriva da presença do Estado num dos pólos da relação jurídica, como titular do *jus persequendi in judicio*, representado pelo Ministério Público, que age como substituto processual, agindo em nome próprio na defesa de interesses alheios.

O Ministério Público é uma instituição de Estado, que possui autonomia administrativa, financeira e funcional, que não representa os interesses do Governo, mas sim da sociedade. Os seus membros possuem as mesmas garantias dos integrantes do Poder Judiciário, para que possam agir com independência.

### 4. Princípio da Indivisibilidade

Por razões de eqüidade e de justiça, a ação penal deve abranger a todos aqueles que cometeram a infração penal, em decorrência do princípio da obrigatoriedade. Não pode o acusador "escolher réus", devendo agir contra todos aqueles contra os quais haja prova de participação no delito.

É imprescindível se estar atento ao concurso de pessoas e a todas as formas de participação para que ninguém que tenha concorrido, de qualquer modo, para a prática do delito, fique de fora da acusação.

### 5. Princípio da Intranscendência

Pelas mesmas razões expostas em relação ao princípio da indivisibilidade, mas de forma inversa, a acusação se limita aos autores da prática ilícita, não podendo ser incluído no rol dos acusados alguém contra quem não haja provas lícitas, legítimas e suficientes de sua participação na conduta delituosa.

O fundamento desse princípio se espelha no artigo 5º, inciso XLV, da Constituição Federal, quando diz que nenhuma pena passará da pessoa do condenado. Assim como a pena, o processo também não poderá passar das pessoas contra quem efetivamente haja provas de seu envolvimento no crime. Isso impossibilita a penalização de quem não for o autor do crime.

### 6. Princípio da Legalidade

Como visto, o Estado vê-se obrigado à *persecutio criminis* sempre que um bem tutelado pelo direito penal for atingido e, ainda, da ação não poderá desistir, dispor, enquanto não houver pronunciamento jurisdicional sobre o caso; no entanto, de onde nasce tal tutela? Sempre da Lei, fonte única a legitimar a incidência dos princípios e regras penais no caso em concreto. Desta forma, nasce o princípio da legalidade – ou reserva legal – expresso pela fórmula latina *nullum crimen, nula poena sine lege*, e recepcionada em nosso direito pátrio, seja pela Constituição Federal, em seu art. 5º, inc. XXXIX, seja pelo Código Penal, art. 1º.

Tal princípio esclarece que não existirá crime sem lei anterior que o defina, e nem existirá pena sem prévia cominação legal, ou seja, a existência de um crime somente dependerá da existência de uma Lei.

Unindo-se tal mandamento ao já estudado princípio da obrigatoriedade, chegaremos a um simples esquema, qual seja o de que, existindo lei que defina uma determinada espécie de crime, e existindo vestígios de ocorrência do mesmo na vida concreta, o Estado se obriga à persecução criminal. Somando-se a tal junção o princípio da indisponibilidade, temos que, além da persecução em si, o Estado obriga-se a somente cessá-la ante um pronunciamento jurisdicional sobre o caso em concreto.

### 7. Princípio da Intervenção Mínima

No intuito de limitar-se o poder punitivo do Estado, os doutrinadores modernos criaram aquilo que denominamos princípio da intervenção mínima do Direito Penal.

O nascedouro de tal princípio encontra fundamento, novamente, na importância do bem juridicamente tutelado. Nos dizeres de. Marco Aurélio de Oliveira, *maior será o valor de um bem quanto mais elevada for a finalidade a que se dirige, e quanto mais adequado se demonstrar em realização de seus fins.*[12]

Desta forma, o Direito Penal somente irá legitimar sua aplicação através do processo legal quando se constituir no único meio existente para a proteção de um bem jurídico. É o caráter *ultima ratio* do Direito Penal, ensinando que, se existirem outras formas de sanção suficientemente adequadas para proteção de tais bens, deverão estas ser utilizadas.

O princípio da intervenção mínima, entretanto, não encontra amparo positivo-legal; é criação da Revolução Francesa, e é, sem dúvida, princípio norteador de sistemas penais em todo nosso mundo; no entanto, cede, seja nos países de direito anglo-saxão, seja em nossa própria pátria, a movimentos políticos e doutrinários que, neste final de século, chegam a alarmar penalistas de todo o mundo.

Neste sentido, Cezar Roberto Bitencourt: *Os legisladores contemporâneos, tanto de primeiro como de terceiro mundo, têm abusado da criminalização e da penalização, em franca contradição com o princípio em exame, levando ao descrédito não apenas o Direito penal, mas também a sanção criminal que acaba perdendo sua força intimidativa diante da "inflação legislativa" reinante nos ordenamentos positivos.*[13]

Até o momento, vimos princípios que dizem respeito à existência de crime – sua criação – e fatores que obrigam e limitam a atividade estatal – persecução criminal. No entanto, a moderna doutrina ressalta, também, a existência de princípios que versam sobre a aplicação do direito penal em relação ao acusado, ou seja, versam sobre os limites e objetivos da prestação jurisdicional em si.

## 8. Princípio da Culpabilidade

Um dos mais importantes princípios que deram origem ao Direito Penal Moderno reside na atribuição de responsabilidade penal somente à pessoa que, na qualidade de cau-

---

[12] *Informativo ITEC*, ano I, n° 1, 1999.
[13] Cezar Roberto Bitencourt. *Lições de Direito Penal*. Porto Alegre: Livraria do Advogado, 1995.

sadora do fato típico, poderia agir de forma diversa, evitando, assim, o resultado. Tal princípio, expresso pela culpabilidade (capacidade de reprovabilidade do indivíduo), afirma a necessidade de uma responsabilidade subjetiva perante o fato, eliminando a responsabilidade objetiva do agente que, em tempos pretéritos, já se fazia motivo suficiente para aplicação de pena.

Tal posição, atualmente, encontra-se rechaçada pela doutrina e pela jurisprudência. Atualmente, o pressuposto de aplicação da pena sobre a pessoa do indivíduo é, exatamente, a verificação de culpabilidade.

A culpabilidade, neste prisma, deve ser questionada sob sua tríplice quesitação (qual seja, inexigência de conduta diversa, potencial consciência da ilicitude e imputabilidade). A verificação positiva destes três elementos irá legitimar a declaração de ocorrência de um crime e, também, a aplicação da pena sob a pessoa do delinqüente.

O princípio da culpabilidade, ainda, irá determinar a medição e/ou fixação da pena. Desta forma, além de elementar do delito e fundamento da pena, a culpabilidade é, também, o limite deste direito de punir.

A prestação jurisdicional, encarada sob o princípio da culpabilidade, traduz-se em dois enfoques: ou a culpabilidade do agente será constatada ante o fato delituoso e, desta forma, haverá reprimenda Estatal ou, de outra banda, a culpabilidade não será constatada e, neste caso, haverá absolvição. A busca de um destes dois resultados é o objetivo que move o princípio da indisponibilidade, ou seja, o Estado-Sociedade (Ministério Público) somente poderá cessar a persecução criminal quando o Estado-Julgador (Poder Judiciário) manifestar sua "opinião" quanto à existência do fato em si e à existência ou não de culpabilidade do acusado frente ao mesmo.

### 9. Princípio da Presunção de Inocência (ou da Não-culpabilidade)[14]

A presunção de inocência é princípio de cunho eminentemente garantista; esclarece que a pessoa somente terá sua culpabilidade decretada após o trânsito em julgado da sentença condenatória. Desta forma, somente se legitima a im-

---
[14] Segundo Paulo Rangel. *Direito Processual Penal*, 7ª ed. Lúmen Júris, p. 24.

posição sancionatória do Estado sobre o indivíduo quando, após o processo, for declarada a culpabilidade do mesmo, transitando em julgado tal declaração.

Este princípio, assim como seu antecessor, liga-se de forma íntima e indissociável a outros princípios garantidores, tais como os princípios do devido processo legal, ampla defesa, contraditório etc. Não obstante o afirmado, existe, aqui, severa discussão doutrinária.

Para Paulo Rangel, *não adotamos a terminologia presunção de inocência, pois, se o réu não pode ser considerado culpado até o trânsito em julgado de sentença penal condenatória, também não pode ser presumidamente inocente. A Constituição não presume inocência, mas declara que ninguém será considerado culpado até o trânsito em julgado de sentença penal condenatória (art. 5º, LVII).*

Essa posição é também defendida pelo autor Marcelo Lemos Dornelles, para quem o princípio deve ser denominado de Não-Culpabilidade.

Para Daniel Gerber, no entanto, o que vale é, verdadeiramente, a presunção de inocência, eis que o artigo 5º, § 2º, da CF declara, expressamente, que *"Os direitos e garantias expressos nesta Constituição não excluem outros decorrentes do regime e dos princípios por ela adotados, ou dos tratados internacionais em que a República Federativa do Brasil seja parte"*. Considerando-se, então, a validade dos pactos internacionais aos quais nosso país tenha aderido, tem-se que, pela dicção do artigo 8º, inciso I, do Pacto de São José da Costa Rica (*Toda pessoa acusada de um delito tem direito a que se presuma sua inocência, enquanto não for comprovada sua culpa*), a presunção de inocência – e não uma mera presunção de não-culpabilidade – insere-se em nossa principiologia positivada, sendo que a incidência do referido princípio em matéria processual traduz-se em conseqüências junto à (1) regra probatória do feito, passando à acusação o ônus de provar o que alega, à (2) valoração da prova, manifestado, aqui, o brocardo *in dubio pro reo*, e, principalmente, (3) junto à forma pela qual o acusado deverá ser tratado no transcurso do feito, ou seja, como um verdadeiro inocente.

## 10. Princípio da Humanidade

Referido princípio diz respeito à aplicação da pena, fundamentando-se na teoria de que o poder punitivo estatal não pode aplicar sanções que atinjam a dignidade da pessoa humana.

Todos os princípios acima elencados, sejam de perseguição ao autor de um delito, sejam de aplicação da pena sobre ele, trazem por fito a explicação da Lei nº 9.099/95.

Muito embora a criação dos referidos juizados seja tema constitucional, entre nós portanto desde 1988 (art. 98, I), a efetivação e implantação destes novos modelos de justiça chegou às mãos dos operadores de direito, através de Lei Federal, em novembro de 1995, com sete anos de atraso.

A Lei nº 9.099/95, instrumento de operacionalização da vontade Magna, trouxe em seu bojo mudanças que abalaram, e certamente continuarão a abalar por muito tempo, as estruturas de nosso estado de direito, no que tange à área criminal.

Vivemos em um país falimentar. É triste, mas o fato torna-se inegável na medida em que as estatísticas demonstram ser a crescente taxa de analfabetismo, fome, miséria e, infelizmente, violência urbana, que assolam nosso território.

Dentro deste panorama, e em consonância com a tendência mundial, insere-se uma imprensa quase sempre tendenciosa, parcial, muitas vezes enganosa e pré-julgadora.

Os jornais, em sua maioria, levam ao povo uma onda crescente de violência. Não está a se dizer que esta não existe, mas sem dúvida alguma a realidade que nos assola não se faz tão temerária quanto aquela pintada por profissionais da imprensa marrom. Esta crescente busca pelo sensacionalismo, pela notícia exclusiva, o famoso "furo", acaba por criar um problema de difícil solução: incute na população um constante estado de emergência.

A conseqüência direta desta dose maciça de violência reside no pedido – popular – insistente de novas penas e leis, mais severas, rígidas, assim como um maior rigor no trato daqueles que já se encontram inseridos em nosso sistema carcerário.

Dentro deste espectro, editam-se as famosas "leis de ocasião", como por exemplo a "Lei dos Crimes Hediondos" e a "Lei de Combate ao Crime Organizado", que, na prática, adiantam muito pouco, ou quase nada, mas servem como pano quente à ferida social que se encontra aberta.

A Lei nº 9.099/95, por sua vez, versa sobre delitos de "menor potencial ofensivo" e sobre delitos de "médio potencial ofensivo". Traduzindo-se: menor potencial ofensivo significa delitos cuja pena máxima, em abstrato, não ultrapasse dois anos; delitos de médio potencial ofensivo são aqueles cuja pena mínima, em abstrato, não ultrapasse um ano. Em relação a tais delitos, e em consonância com os objetivos da novel legislação, alguns princípios supra-referidos sofreram drásticas alterações.

O primeiro princípio que sofreu alteração ante o aparecimento desta lei foi o da indisponibilidade; dito princípio que, como já visto, obriga o Ministério Público a, dentro de uma *persecutio criminis*, buscar uma declaração do Poder Judiciário quanto à existência ou não de culpabilidade do perseguido em relação ao fato, encontra-se mitigado. Agora, frente à Lei nº 9.099/95, o Ministério Público continua obrigado a se posicionar e agir frente ao delito; seu objetivo, no entanto, passa a ser a busca de um espaço de consenso. Se, como diziam doutrinadores, a busca de um processo penal era a busca da "verdade real", hoje, através desta Lei, a busca do processo passa a ser um espaço onde o "potencial infrator" sofra uma restrição que lhe possibilite o conhecimento das conseqüências de seu ato sem lhe retirar, contudo, Direitos Fundamentais, e a vítima, outrora esquecida, encontre, também, satisfação à sua sede de Justiça.

Um segundo princípio que a doutrina entendeu alterado foi o da obrigatoriedade, passando, o mesmo, para o da oportunidade. Não concordamos com tal ponto. O princípio da obrigatoriedade mitigada não deve ser confundido com o princípio da oportunidade, eis que este, até o presente momento, se refere às ações penais de cunho privado ou públicas condicionadas. Para melhor entendimento desta diferença, segue uma breve explicação sobre o que significa "oportunidade" em sede de processo penal.

## 11. Princípio da Oportunidade

Luis Flávio Gomes, citando Gimeno Sendra, explica que tal princípio *é a faculdade outorgada ao titular da ação penal para dispor, sob determinadas condições, de seu exercício, com independência de que tenha se provado a existência de um fato punível contra autor determinado.*[15]

Frise-se: o Estado, ante a Lei nº 9.099/95, continuará "obrigado" a agir, ou seja, continua vinculado ao princípio da obrigatoriedade; no entanto, muda o objetivo de tal ação, ou seja, o Estado deverá agir, não mais para buscar a verdade real, não mais para impor a penalidade, mas sim, e preferencialmente, para buscar o consenso (verdade consensuada). A obrigatoriedade do Estado não mais se vincula à ação penal, mas sim à solução para o caso em concreto, mesmo que tal solução passe ao largo do processo *stricto sensu*.

De onde, entretanto, surge o fundamento teórico de tal princípio? Como já analisado, o Direito Penal deve limitar-se à proteção de bens fundamentais do ser humano e da sociedade; mais, deverá ser aplicado somente quando constatado ser a única alternativa do Estado na preservação de tais bens. Desta forma, existirá a "oportunidade" de dispor-se da ação penal sempre que o caso em concreto for de pouca relevância social, faltando, aqui, interesse público para motivar a *persecutio criminis* em sua totalidade.

Frise-se novamente: o Estado poderá dispor da ação, mas jamais poderá "não agir".

Temos então que, em determinados casos, o bem atingido, ou a forma pela qual ele foi atacado, não significa uma efetiva lesão social. Por tal motivo, a obrigação do Estado que, anteriormente, era prestar de forma irrenunciável sua prestação jurisdicional, ficará mitigada.

Os objetivos básicos desta nova política criminal, a saber:

a) solução processual e econômica para o controle da criminalidade e resposta do Estado;

b) desburocratização, aceleramento e simplificação da Justiça Criminal;

---

[15] GOMES, Luiz Flávio. *Suspensão Condicional do Processo Penal.* São Paulo: RT, 1995.

c) evitar a imposição de "pena" e de seu efeito anti-socializante;

d) dar mais espaço para que o Judiciário se ocupe, efetivamente, com os delitos de maior importância;

e) permitir a aplicação do princípio da intervenção mínima;

f) realizar uma justiça pactuada, onde o acordo entre acusado e vítima simboliza uma verdadeira utilitariedade da Justiça.

Pelos quesitos acima numerados, temos que o princípio da obrigatoriedade mitigada não afasta o Poder Judiciário da lide em questão. Não significa uma ausência de *persecutio criminis*, mas sim, e fundamentalmente, uma persecução regrada por novos objetivos e ideais e que traz por objeto, exclusivamente, delitos de pequeno e médio potencial ofensivo.

Em referência aos delitos de menor potencial ofensivo, criaram-se pelo menos quatro vias despenalizadoras, a saber:

1) representação, em determinados delitos que outrora se classificavam como simplesmente públicos;

2) o acordo entre indiciado e vítima (composição civil), tanto nos delitos de ação penal privada quanto nos de ação penal pública;

3) a transação penal, que reside na proposta de acordo a ser realizado entre o agente do Ministério Público e o acusado;

4) a suspensão condicional do processo, sendo esta, também, um acordo que se realiza entre acusado e Ministério Público, devendo ser aplicada não apenas no âmbito dos juizados especiais criminais mas, fundamentalmente, nas varas criminais "comuns" (rito ordinário, sumário etc.), por tratar de delitos de médio potencial ofensivo;

Através do acordo entre o indiciado e a vítima, tenta-se manter na órbita privada a solução para o conflito. Na medida em que se efetive composição entre ambos – e o objeto desta poderá ser uma quantia monetária, um pedido de desculpas, qualquer coisa enfim que satisfaça a vítima – a punibilidade do indiciado extingue-se, não podendo – em casos de ação penal privada ou pública condicionada à representação – ele vir a ser processado pelo ato que lhe era imputado. Nos casos de ação pública incondicionada, entretanto, tal composição também existe sem, contudo, gerar tal efeito. Limita-se, em tais casos, a servir, quando de uma sentença condenatória, como redutora de pena (causa especial de diminuição) através do instituto do arrependimento posterior (art. 16, CP).

A transação é também uma espécie de acordo, que se realiza entre Ministério Público e acusado (denominado pela lei de "autor do fato"), onde, mesmo não existindo discussão sobre culpa, este segundo aceita a imposição de uma pena alternativa, quase sempre pecuniária, e revertida normalmente para uma instituição de caridade.

Devemos reparar que tal transação em nada altera os princípios da culpabilidade e presunção de inocência (não culpabilidade); a discussão sobre o tema, à época de promulgação da Lei, tornou-se ferrenha, mas Ada Pellegrini encerra a questão:

> "No sistema da Lei 9.099/95, a aceitação da imposição imediata da pena não corresponde a qualquer reconhecimento de culpabilidade penal (e, aliás, nem mesmo de responsabilidade civil) [...]. Muito se tem escrito e discutido sobre essa dicotomia no direito penal (consenso ou conflito), e não é possível sustentar, em sã consciência, que a transação do direito brasileiro vulnera a presunção da inocência".[16]

Na medida em que a culpabilidade e a inocência não são objeto de questionamento, temos que os princípios da ampla defesa, devido processo legal etc., que existem somente para evitar a imposição ilegítima e arbitrária de penas, também não sofrem nenhuma espécie de ataque frente à aludida transação. Até mesmo porque, alcançado o consenso, o titular da ação penal abre mão de buscar a condenação do autor do fato, com as conseqüências advindas deste alcance, e, por outro lado, o autor do fato abre mão de buscar a sua absolvição.

A suspensão do processo, por sua vez, é instituto que traz em si maior força de modificação social, pois aplica-se aos delitos cuja pena mínima não ultrapasse um ano, como, por exemplo, homicídio culposo (exceção do código de trânsi-

---

[16] GRINOVER, Ada Pellegrini, et al, Juizados Especiais Criminais. São Paulo: RT, 1997, p. 144.

to), estelionato, furto, apropriação indébita etc. O réu (e neste caso não se fala mais no indiciado, pois a proposta de suspensão somente se concretiza após angularizada a situação processual), mediante o cumprimento de determinadas condições, por lapso temporal não inferior a dois anos e não superior a quatro, cumpre determinadas condições que, ao final, irão lhe atestar uma espécie de "certificado de boa conduta", extinguindo-lhe também a punibilidade.

Deste modo, conclui-se com tranqüilidade que a Lei nº 9.099/95 não incutiu o princípio da oportunidade da ação penal pública no Brasil, permanecendo vigente o princípio da obrigatoriedade, mesmo nos crimes de menor potencial ofensivo, sendo que a discricionariedade do acusador é regulada, controlada e vinculada, limitada a avaliação para ver se é ou não caso de proposta de transação penal, de forma motivada, não lhe cabendo juízo de oportunidade ou conveniência. Havendo justa causa, deve o titular da ação penal pública agir.

Capítulo III

# Lei nº 9.099/95

## 1. Antecedentes Históricos

A transação penal, além de ser um instituto novo, não tem antecedentes no direito processual penal brasileiro. A Lei nº 9.099/95 veio como um instrumento capaz de modificar o sistema de justiça criminal, até então regulamentado por regras ultrapassadas. Tal instituto permite a imediata aplicação da pena não-privativa de liberdade, já no início da ação penal e antes do oferecimento da denúncia. Trata-se, assim, de uma solução consensual, a fim de que se desfaça o processo.

Nesse sentido de solução consensual no Brasil, fora do direito processual penal, temos o exemplo da criação da Justiça do Trabalho, em 1934, na qual passou a integrar a Constituição de 1946, sempre fazendo-se prevalecer no litígio a idéia de solucionar o conflito através da conciliação entre as partes.

No direito processual civil, a iniciativa da conciliação veio regulamentada através do Código de Processo Civil, de 1973, que de início instituiu a regra apenas para resolução de litígio de direito de família. Contudo, do ano de 1992 até 1995, outras medidas no âmbito do direito processual civil vieram se acrescentar às hipóteses de conciliação.

O Código de Defesa do Consumidor foi outro importante regramento, pois trouxe a mediação e a solução das demandas através da via conciliatória.

Em 27 de maio de 1981, foi publicado no Diário Oficial da União um anteprojeto de Código de Processo Penal que introduziu o acordo entre as partes para solucionar os litígios. Dito anteprojeto foi apresentado por José Frederico Marques. Previa a proposta pelo Ministério Público de uma espécie de transação penal, se o crime cometido fosse punido com pena de multa, prisão simples ou detenção. O autor Antônio Roberto Sylla[17] explica:

"O seu artigo 84 previa uma espécie de transação penal se o crime fosse apenado com multa, prisão simples ou detenção, sendo que nesses casos, o Ministério Público poderia propor ao acusado o pagamento de uma multa apenas, e as conseqüências penais seriam a extinção da punibilidade pela perempção, com a aceitação da pena de multa em substituição a pena de prisão simples ou detenção".

O segundo projeto foi o de número 1.655/1, de 1983, que previa a extinção do feito sem o julgamento de mérito em caso de aceitação por parte do acusado, em sua resposta formalizada, do pagamento da pena de multa, e esta seria fixada pelo juiz.

Entretanto, foi com a Constituição Federal de 1988 que se instituiu de fato o instituto da conciliação no juízo criminal, mais precisamente no seu artigo 98, inciso I e parágrafo único. Ao introduzir os juizados especiais, possibilitou que se usasse da transação penal em matéria criminal.

Com a Lei nº 9.099/95, no Brasil, passou-se a seguir uma tendência mundial no tratamento aos crimes de menor potencial ofensivo, utilizando-se da chamada justiça penal consensual para resolução destes pequenos conflitos de ordem criminal, e criou-se mais um sistema próprio despenalizador, que é a transação penal.

Assim, após a criação da lei federal, competiria aos Estados, no uso de sua competência constitucional, não apenas criar os Juizados Especiais Criminais, mediante regras de organização judiciária, mas também suplementar a legislação federal por intermédio de normas específicas de procedimento que atendessem às suas peculiaridades.

Porém, muito antes da criação da lei federal já eram aplicadas na prática as regras do Juizado Especial Criminal e alguns de seus institutos. Como exemplo, pode-se referir o simpósio sobre os Juizados Especiais de Pequenas Causas Cíveis e Criminais, realizado em Curitiba/PR, em 1992, no

---

[17] SYLLA, Antônio Roberto. *Transação Penal Natureza Jurídica e Pressupostos*. São Paulo: Editora Método, 2003. p. 55.

qual foi aprovada proposta para que, até que se criassem os Juizados Especiais Criminais, e concomitantemente com estes, os juízes de direito, com competência criminal, realizassem a transação penal prevista no artigo 98, I, da Constituição Federal, na hipótese de o réu admitir a culpa e haver a concordância das partes na aplicação imediata de uma pena restritiva de direitos.

Segundo Nereu José Giacomolli, no Estado do Rio Grande do Sul, antes mesmo da criação da Lei dos Juizados Especiais Criminais, alguns magistrados gaúchos já aplicavam a transação penal, embora outro tenha sido o entendimento da Corte Superior.[18]

Em decisão proferida pelo extinto Tribunal de Alçada do Rio Grande do Sul, que julgou a apelação criminal nº 295002034, cujo relator era o eminente então Juiz de Alçada Tupinambá Pinto de Azevedo, foi desconstituída a sentença em que houve acordo, tendo o réu aceitado a condenação a uma pena de multa, argumentando o relator que a ausência de defesa teria sido absoluta e que não havia no país legislação regulamentadora do dispositivo constitucional que autorizasse o procedimento abreviado e até a transação penal.

Os Estados do Mato Grosso do Sul, Mato Grosso e da Paraíba, através de leis estaduais, criaram os juizados especiais criminais, antes da Lei nº 9.099/95. Contudo, o Supremo Tribunal Federal declarou a inconstitucionalidade dessas leis estaduais criadoras de Juizados Especiais Criminais antes do advento da lei Federal.

Segundo Damásio E. de Jesus, foram apresentados 06 (seis) projetos de lei para a criação dos Juizados Especiais Criminais: o projeto de lei nº 1.480-A, pelo Deputado Federal Michel Temer; o Projeto de lei nº 3.698/89, pelo Deputado Federal Nelson Jobim, além dos projetos de lei nº 1.129/88, pelo Deputado Federal Jorge Arbage; o de nº 1.708/89, pelo Deputado Federal Manoel Moreira; o de n.2.959/89, pelo Deputado Federal Daso Coimbra; e o de nº 3.883/89, pelo Deputado Federal Gonzaga Patriota. Por fim, foram englobados os projetos de lei de autoria dos Deputados Federais Michel Temer e Nelson Jobim, que se transformaram no subs-

---

[18] GIACOMOLLI, Nereu José. *Juizados Especiais Criminais* – Lei 9.099/95. 2ª ed. Porto Alegre: Livraria do Advogado, 2002, p. 26.

titutivo que foi encaminhado para discussão e votação no Congresso Nacional, que resultou na Lei nº 9.099/95.[19]

## 2. Direito Comparado

Com a Lei nº 9.099/95, o Brasil seguiu uma tendência internacional na adequação do tratamento referente aos crimes de menor potencial ofensivo. A chamada justiça penal consensual ficou encarregada de tentar resolver estes pequenos casos e de aplicar esses novos institutos despenalizadores, como a transação penal.

De fato, no Brasil, a justiça penal consensual demorou a chegar se compararmos aos países centrais, que adotam modelo semelhante ao nosso em matéria de direito penal e processual penal. A própria previsão constitucional para o julgamento diferenciado dos crimes de menor potencial ofensivo somente ocorreu em 1988.

Em países com o sistema da *Common Law,* da tradição do direito anglo-saxônico, vigora o princípio da discricionariedade pura, entretanto nessas localidades aplica-se a *plea bargaining* ou *plea negotiatio,* que não podem se confundir com transação penal, pois apresentam suas próprias características, conforme apontaremos adiante.

Prosperou o entendimento de que a transação penal é um instituto novo em nosso sistema jurídico e que difere de outros previstos em ordenamentos alienígenas, apesar de ter semelhanças com o instituto americano *plea bargaining.*

### 2.1. A Transação Penal no sistema penal italiano

O direito penal italiano permite um acordo entre o órgão acusatório e a defesa, que será discutido acerca de uma pena pecuniária diminuída até um terço, depois de recebida a denúncia. O crime continua sendo o mesmo; não se altera a causa de pedir.

A Lei italiana nº 689, de 24 de novembro de 1981, mais precisamente em seu artigo 77, prevê os casos de pena alternativa, onde o juiz poderá aplicar uma sanção, a pedido do

---

[19] JESUS, Damásio E. de. *Lei dos Juizados Especiais Criminais Anotada.* São Paulo: Saraiva, 1996. p. 25.

acusado, podendo até, em determinados casos, extinguir a infração penal. Em 1988, o Código de Processo Penal italiano, através da leitura do artigo 444, passou a permitir a aplicação de uma pena alternativa ou pecuniária, acordando o acusado e o Ministério Público, desde que a pena diminuída até um terço não ultrapasse a dois anos.[20]

Havendo consenso entre as partes, a sentença não comporta recurso de apelação. Existe um controle judicial sobre o consenso e sobre o pedido de aplicação da pena alternativa. O juiz julga procedente o pedido sempre que houver congruência entre os fatos e a pena e estiverem presentes os requisitos legais, devendo essa decisão ser motivada.

No sistema italiano, a transação penal é conhecida como *patteggiamento*. Segundo o autor Nereu Giacomolli:[21] "[...] observa-se no sistema italiano, uma mitigação do princípio da obrigatoriedade da ação penal, enunciado no art 112 da Constituição Federal, antes citado". Ainda o mesmo autor refere que, no ordenamento jurídico italiano, há também uma espécie de transação que tem características idênticas à *plea bargaining*. A diferença entre a nossa transação penal e o instituto italiano é evidente no que diz respeito aos limites do acordo, como a função dos operadores jurídicos e das conseqüências oriundas da negociação.

As diferenças mais importantes entre a transação penal brasileira e o instituto do *patteggiamento,* na Itália, estão no fato de que a transação penal é proposta pelo Ministério Público, órgão responsável pela acusação, antes do oferecimento e do recebimento da denúncia. Já o sistema italiano, também é iniciado pelo Ministério Público, mas pode ser realizado depois do recebimento da denúncia já na fase processual, porém antes dos debates da causa.

A mais marcante diferença entre estes dois institutos está nos seus objetivos. Enquanto no sistema italiano a transação penal é um prêmio, um incentivo ao autor do fato delituoso, beneficiando-o com aplicação de uma pena mais branda e dispensando a fase dos debates do processo fazendo com que se utilize do princípio da economia processual, no

---

[20] SYLA Roberto Antônio. *Transação Penal Natureza Jurídica e Pressupostos* São Paulo: Método, 2003. p. 63.
[21] GIACOMOLLI, Nereu. Ob. cit, p. 94 e 114.

sistema brasileiro, a transação também vem beneficiar o autor do fato, porém o que se avalia é a vida pregressa, como ele se comportou antes da prática da infração penal, da vida irreparável antes do fato criminoso, além das demais condições que estão previstas no art. 59 do Código Penal brasileiro.

### 2.2. A Transação Penal no sistema penal português

No sistema penal português, o Ministério Público, que é quem preside o inquérito policial, pode, através de despacho, promover o seu arquivamento quando não tiver provas suficientes da existência do fato, quando não obtiver indícios necessários para se provar a autoria do fato delituoso e outros. Também o processo poderá ser arquivado pelo Ministério Público ou pelo Juiz do caso e também se faz presente a concordância do argüido, conforme art. 280 do Código de Processo Penal.

Além disto, naqueles crimes com punição de prisão não superior a seis meses ou multa, não sendo acusação de particular, o Ministério Público, se entender ser aplicável somente a pena de multa ou mesmo medida de segurança, requer a descrição do fato e principalmente a menção dos artigos violados, a fim de que sua aplicação tenha lugar em rito sumaríssimo.

Assim refere Nereu Giacomolli:[22]

"O Tribunal tem dois caminhos: rejeitar o requerimento e enviar o processo para outro rito, ou designar audiência. Nesta, o argüido não pode aceitar, ocasião em que o processo é encaminhado para outro rito. Aceitando a sanção proposta, mais às custas, imposto de justiça e a indenização civil, a declaração, com o despacho oral, são reduzidos a termo. Este vale como sentença condenatória e transita em julgado imediatamente (art.395 do CPP). A este rito também se aplica o arquivamento e a suspensão do processo (art. 395 do CPP)".

Uma vez homologada, a transação penal portuguesa se torna equivalente a uma sentença condenatória irrecorrível sujeita a todos os efeitos daí decorrentes.

---

[22] GIACOMOLLI, Nereu. Op. cit, p. 92.

Conclui-se assim, que a principal diferença entre estes dois institutos reside no fato de que, no sistema português, a transação penal, para existir, é necessário que o processo já tenha sido iniciado, com a denúncia oferecida e, para o sistema brasileiro, a transação penal ocorre numa fase anterior ao oferecimento da denúncia.

### 2.3. A Transação Penal no sistema penal norte-americano

O sistema norte-americano adota o nome de plea *bargaining* ou *plea negotiation*, que na prática não pode ser confundido com a transação penal brasileira, uma vez que este sistema é bem mais amplo do que o nosso, onde vige o princípio da oportunidade da ação penal, o Ministério Público tem poder discricionário bem maior do que o brasileiro. Nesse sistema, o Ministério Público poderá exigir penas menores, mais brandas, ou ainda negociar o local de cumprimento da sanção. A *plea bargainning* é utilizada na solução da maioria dos crimes: em cerca de 85% deles, acabam sendo resolvidos através de negociações.

Descrevendo sobre o tema, Luiz Flávio Gomes[23] nos diz que:

"O mais conhecido modelo de *plea bargaining* é o que consiste no seguinte: uma vez que se dá conhecimento da acusação – qualquer que seja o crime – para o imputado, pede-se a *pleading*, isto é, para se pronunciar sobre a culpabilidade; se se declara culpado (*pleads guilty*) – se confessa – opera-se o *plea*, é dizer, a resposta da defesa e então pode o juiz, uma vez comprovada a voluntariedade da declaração, fixar data da sentença (*sentencing*), ocasião em que se aplicará a pena (geralmente 'reduzida' – ou porque menos grave ou porque abrangerá menos crimes –, em razão do acordo entre as partes), sem necessidade de processo ou veredito (*trial ou veredict*); em caso contrário, abre-se ou continua o processo e entra em ação o jurado".

As principais diferenças entre o instituto da transação penal brasileira em face do *plea bargaining* americano nos são postas por Damásio de Jesus:

---

[23] GOMES, Luiz Flávio. *Suspensão Condicional do Processo Penal*. São Paulo: RT, 1995. p. 36-37.

1) Na *plea bargaining*, vigora inteiramente o princípio da oportunidade da ação penal pública, enquanto na transação penal o Ministério Público não pode exercê-lo integralmente;

2) Havendo concurso de crimes, no *plea bargaining* o *Parquet* pode excluir da acusação algum ou alguns delitos, o que não corre na transação penal;

3) No *plea bargaining*, o Ministério Público e a defesa podem transacionar amplamente sobre conduta, fatos, adequação típica e pena (acordo penal amplo), como, por exemplo, concordar sobre o tipo penal, se simples ou qualificado, o que não é permitido na proposta de aplicação de pena mais leve.

4) O *plea bargaining* é aplicável a qualquer delito, ao contrário do que ocorre com a nossa transação, que tem incidência restrita.

5) No *plea bargaining*, o acordo pode ser feito fora da audiência; a transação somente ocorre em audiência (artigo 72).[24]

### 2.4. A Transação Penal no sistema penal alemão

No sistema penal alemão, o Ministério Público requer a punição do infrator desde que se trate de crime de menor lesividade e que o autor do fato concorde com a pena a ser imposta. Propondo a pena, esta é tida como uma maneira especial de oferecimento da denúncia, sendo apresentada logo ao final da investigação criminal.

Conforme Airton Zanatta, a Alemanha é um país que pode servir de modelo à legislação brasileira, pois rejeita toda e qualquer solução que venha se basear exclusivamente na discricionariedade do Ministério Público. Nesse país, há o chamado "processo de ordem penal", que seria o procedimento que mais se assemelha ao brasileiro. Consiste em um procedimento escrito pelo Ministério Público, pleiteando a aplicação da pena de multa que entenda adequada ao fato. O juiz, concordando com a punição pleiteada, sem necessidade de instar preliminarmente a defesa, expede uma ordem penal escrita, condenado o infrator. Há possibilidade também de

---

[24] JESUS, Damásio E. Op. cit., p. 62.

um acordo prévio entre o Ministério Público e a defesa, não havendo intervenção formal do infrator no procedimento.[25]

Nesse caso, o réu terá apenas a possibilidade de aceitar ou rejeitar a ordem penal aplicada, sem contraposição. A grande vantagem desse instituto, para a acusação, é evitar o julgamento, onde sempre haveria possibilidade de absolvição. Para o infrator, a vantagem seria evitar o constrangimento do processo penal. Cabe salientar que esse procedimento somente é aplicado para os delitos de menor gravidade.

No sistema penal alemão, a transação é uma forma especial de denúncia e ocorre dentro da ação penal. E é entendimento semelhante que sustentamos que ocorra com a nossa transação penal, que seria uma nova modalidade de exercício da ação penal.

Por fim, concluímos com Aírton Zanatta, que diante de todos os sistemas estrangeiros analisados, há uma valorização da atividade ministerial, na medida em que, em todos os sistemas, a presença do Ministério Público é fundamental no encaminhamento das propostas de soluções penais. Com isso, verifica-se uma forte tendência à atenuação do princípio da obrigatoriedade, especialmente no que se refere aos crimes de menor gravidade. Constata-se que se oportuniza a discricionariedade controlada ao Ministério Público em sistemas penais de tradição legalista.[26]

## 3. Comentários à Lei

**Art. 60.** O Juizado Especial Criminal, provido por juízes togados ou togados e leigos, tem competência para a conciliação, o julgamento e a execução das infrações penais de menor potencial ofensivo.

Este artigo traz consigo três aspectos a serem salientados, a saber:

a) previsão de julgamento das causas de menor potencial ofensivo por parte de juízes togados e leigos

A possibilidade de um leigo analisar caso em matéria penal é uma verdadeira aberração jurídica, pois está a negar a própria fundamentação filosófica do surgimento do Estado

---

[25] ZANATTA, Aírton° *A transação Penal e o Poder Discricionário do Ministério Público.* Porto Alegre: Fabris, 2001, p. 21.
[26] Idem, p. 33.

Moderno como concentrador do *ius puniendi*. É um retrocesso que somente se explica pela absoluta falta de respeito às regras mínimas que devem nortear a aplicação da lei penal sobre o caso em concreto, uma quebra irreversível do princípio do juiz natural, quebra esta que deve ser evitada sob pena de se ter não apenas uma "nulidade absoluta" no processo mas, sim, um verdadeiro exemplo de "ato inexistente".

Não obstante tal crítica, o fato é que, na concretização dos juizados, apenas juízes de direito exercem dita função, preservando-se, assim, a garantia aludida.

b) definição da competência material dos Juizados em razão da natureza do delito, limitados, estes, aos de menor potencial ofensivo.

Surge, aqui, uma diferenciação de singular importância. Lei nº 9.099/95 e Juizado Especial Criminal não são sinônimos. Pelo contrário, os Juizados se inserem como parte desta Lei, mas limitá-la a eles significa olvidar os delitos de médio potencial ofensivo, processados, estes, pelos ritos tradicionais do Código de Processo Penal.

Nesta linha, a Lei nº 9.099/95 cria dois institutos de direito penal material, quais sejam os delitos de menor e de médio potencial ofensivo, e um instituto de direito processual penal, qual seja o rito sumaríssimo (juizado especial criminal), reservando, para este último, somente o processamento e julgamento dos delitos elencados neste artigo.

Trata-se, aqui, de competência absoluta e, neste diapasão, se desrespeitada, ter-se-á caso de nulidade absoluta, onde todos os atos, postulatórios, instrutórios e decisórios, serão atingidos pelo vício.

A questão da competência absoluta, em sede de juizados especiais criminais, por sua vez, pode levar a situações mais complexas que a simples definição legal ordinária. Nesta senda, tamanha a importância dos benefícios que o rito sumaríssimo traz, em tese, aos acusados de delitos de menor potencial ofensivo, assim como a diretiva estatal de extinção de punibilidade antecipada para tais espécies de delitos, que Maria Lúcia Karam, em análise ao instituto da conexão, assevera:

"A ocorrência do fenômeno da conexidade conduz a que ações entre si relacionadas devam, em princípio, ser reunidas, para correrem em um processo formalmente uno. Apontando os vínculos determinantes da conveniência de reunião das ações em um só processo, indica, ainda, o legislador ordinário a causa que deverá atrair as demais, assim estabelecendo, no art. 78 do CPP, regras para a determinação da competência pela vinculação das causas. Interessa-nos especialmente a regra da alínea 'b' do inciso II do referido art. 78 do CPP, a estabelecer que a causa relacionada à infração penal a que for cominada pena mais grave determinará a competência, derrogada assim a competência do órgão jurisdicional que, fossem as ações isoladamente consideradas, seria o competente para o conhecimento da causa relacionada à infração penal a que cominada a pena mais leve. Tal regra, porém, não incidirá se a infração penal a que cominada pena mais leve se incluir na definição legal de infração penal de menor potencial ofensivo, enquanto a infração penal a que cominada pena mais grave, excluindo-se desta definição, apresentar outra dimensão ofensiva. Aqui se configura hipótese em que deverá se dar a quebra da unidade processual, pela mesma razão que esta se faz obrigatória na exemplificativa hipótese retratada na regra do inciso I do art. 79 do CPP, a excepcionar a união das ações quando em cena concurso entre jurisdição civil e militar [...] Tal razão decorre do inafastável respeito o princípio do juiz natural, concretizado por meio da observância das regras constitucionais sobre competência, que, naturalmente, repercutem e condicionam as regras em que se fundamenta a atribuição da competência pela vinculação das causas. Estas não podem se sobrepor àquelas".[27]

Percebe-se, pois, que o próprio instituto da conexão deve, ante o artigo ora em comento, sofrer suas exceções.

c) outorga de competência, ao Juizado, para a execução das penas nele impostas

A dicção de tal artigo pode gerar dúvida quanto a uma suposta sobreposição dos juizados sobre as varas de execução quanto ao andamento do processo executório de pena. Tal conflito, entretanto, é ilusório, eis que, no juizado, a expressão "pena" não se refere, somente, ao resultado de um

---

[27] KARAM, Maria Lúcia, Op. cit., p. 199-201.

processo cuja decisão foi condenatória, mas, também, ao resultado de um acordo (transação penal) onde a culpa sequer foi mencionada. Desta forma, a competência do juizado se restringe à execução das penas oriundas deste acordo, quando for este o caso, restando preservada a competência da Vara de Execuções Criminais (VEC) para as penas oriundas de uma decisão condenatória.

> **Art. 61.** Consideram-se infrações penais de menor potencial ofensivo, para os efeitos desta Lei, as contravenções penais e os crimes a que a lei comine pena máxima não superior a 1 (um) ano, excetuados os casos em que a lei preveja procedimento especial.

Este artigo esclarece o significado de "delito de menor potencial ofensivo", baseando-se, para tanto, na intensidade da sanção máxima em abstrato imposta ao delito. Traz consigo, ainda, uma exceção ao critério quantitativo de pena, qual seja o caso onde a lei preveja procedimento especial (procedimento comum – arts. 394-502 e 531-540).

Não obstante tal classificação, com a vinda da Lei nº 10.259/02, criou-se a figura dos Juizados Especiais Criminais para a esfera federal, sendo que, de acordo com o parágrafo único do art. 2º do referido diploma, os delitos de menor potencial ofensivo são todos aqueles cuja pena máxima não ultrapassa o patamar de 02 (dois) anos, independentemente do rito estabelecido para seu processamento. Surge, aqui, uma alteração não apenas no critério quantitativo de pena, mas, também, no critério qualitativo de procedimento. Por força de tais alterações, tanto doutrina quanto jurisprudência prontamente se posicionaram por sua aplicabilidade no âmbito da justiça estadual, ainda que tal entendimento contrariasse, em uma superficial análise, a letra do artigo 20, parte final da Lei.[28]

Mesmo antes da promulgação da Lei 10.259/02, já defendíamos a idéia de que os delitos de menor potencial ofensivo que detivessem procedimento especial, não obstante a restrição da Lei 9.099/95, deveriam, nas Varas a que fossem submetidos, serem objeto dos benefícios processuais-mate-

---

[28] "Art. 20. Onde não houver Vara Federal, a causa poderá ser proposta no Juizado Especial Federal mais próximo do foro definido no art. 4º da Lei 9.099 de 26 de setembro de 1995, vedada a aplicação desta Lei no juízo estadual".

riais lá encontrados (composição civil e transação penal). Tal entendimento fulcra-se junto aos princípios da proporcionalidade e eqüidade de nossas leis constitucional e penal.

Nesta trilha, se o legislador escolheu a classificação do que venha a ser "menor potencial ofensivo" com fulcro na intensidade da sanção abstratamente cominada ao delito (não considerando, por exemplo, o bem jurídico atingido pela ação), não se percebia como dois delitos, de mesma sanção, poderiam receber resposta penal diferenciada.

Como exemplo, Maria Lúcia Karam, com a pena que lhe é habitual, afirma que:

"(...) a aplicabilidade dos institutos da composição civil e da chamada 'transação' (arts. 74 e 76 da Lei 9.099/95) decerto haveria de se estender a todo e qualquer processo, em que deduzida pretensão punitiva fundada na alegada prática de infrações penais a que cominada a então considerada pena máxima não superior a um ano. A inafastável obediência ao princípio da isonomia não se compatibilizaria com a desigualdade do tratamento, já que, na previsão de procedimentos especiais, não haveria como encontrar peculiaridade diferencial que pudesse apoiar a não-incidência daqueles institutos, quando em foco aquelas infrações penais [...] as infrações penais, objeto de causas cujo processamento seguisse os ritos especiais, não se excluíam, portanto, da definição de infrações penais de menor potencial ofensivo [...]".[29]

Reforçando o panorama que já havia se consagrado ante a Lei 9.099/95, a doutrina e a jurisprudência, como já afirmado, entendem que, após o advento da Lei nº 10.259/02, a restrição deste artigo não mais vigora, eis que seria incabível uma distinção entre esferas federal e estadual, isto pelo fato de, em sede federal, não constar tal distinção de ritos.

Frise-se: na medida em que a Lei 10259/02 não distinguiu ritos especiais de comuns, ordenando que a competência do Juizado Especial vigore em qualquer um deste casos, não há motivos que permitam sustentar a permanência de tal distinção em esfera estadual.

---

[29] KARAM, Maria Lúcia. Op. cit., p. 62.

Quanto às contravenções: neste caso, a doutrina, acertadamente, sempre defendeu a idéia de que o limite de intensidade de sanção (pena máxima de um ano) e a restrição ao procedimento especial aplicam-se exclusivamente aos crimes, e não às contravenções.Neste sentido, transcreve-se primeiro a lição de Mirabete e, após, a de Ada Pellegrini:

"Numa apreciação puramente literal e sintática desse dispositivo, pode-se chegar a duas conclusões. Na primeira delas estariam excluídos da competência do Juizado todos os crimes e contravenções a que a lei comina pena máxima superior a um ano ou preveja um procedimento especial para a sua apuração [...]. Entretanto, outra interpretação é possível, considerando-se, isoladamente, os termos 'contravenções' e 'crimes', valendo o limite da pena máxima cominada à infração e a exceção referente ao rito especial apenas para estes. É a interpretação mais correta, tendo em vista a finalidade e a efetividade da lei".[30]

"Todas as contravenções penais são da competência do juizado. As restrições quanto à pena máxima não superior à um ano e ao procedimento especial só atingem os crimes, não se aplicando a esta espécie de infração que, pela sua própria natureza, deve ser sempre considerada de menor potencial ofensivo".[31]

Questão interessante, no entanto, surge quando da existência de concurso de crimes, passo este que, pelo Código de Processo Penal, poderia gerar a existência de um só processo (conexão, continência etc.) e, em sentença, a aplicação dos artigos 69, 70 ou 71, CP.

Tal questão gera severas discussões doutrinárias. Para alguns, devem-se aplicar, em abstrato, os artigos correspondentes ao concurso de crimes e, se de tal aplicação resultar pena máxima superior a dois anos, declina-se a competência do Juizado para uma Vara Criminal, excluindo-se do âmbito de direitos do acusado, por conseqüência, os institutos da composição civil e transação penal.[32] A posição adotada pelo

---

[30] MIRABETE, Julio Fabrini. Op. cit., p. 30.
[31] GRINOVER, Ada Pelegrini et al. Op. cit., p. 59.
[32] Deve-se marcar, inclusive, que a Súmula 243, STJ, ao firmar o entendimento de que, frente os delitos de médio potencial ofensivo, cometidos em concurso, deve-se realizar a operação, em abstrato, dos artigos 69, 70 e 71, CP, reforçou aqueles que defendem tal posição perante os delitos de menor potencial ofensivo. Com o devido

autor Daniel Gerber, no entanto, já foi devidamente explicitada em comentários junto ao art. 60 da Lei, qual seja a necessária separação dos processos, com a remessa, ao Juizado, daqueles que versam sobre os delitos de menor potencial ofensivo.

> **Art. 62.** O processo perante o Juizado Especial orientar-se-á pelos critérios da oralidade, informalidade, economia processual e celeridade, objetivando, sempre que possível, a reparação dos danos sofridos pela vítima e a aplicação de pena não privativa de liberdade.

O estabelecimento dos critérios deste artigo trazem consigo algumas modificações substanciais no que diz respeito ao processo penal e à aplicação de penas alternativas:

a) Oralidade: a admissibilidade de tal critério significa, consoante a lição de Cézar Bitencourt, a admissão de alguns "sub princípios", a saber:

a.1) prevalência da palavra falada sobre a escrita;

a.2) instituição, no processo penal, do princípio da imediatidade;

a.3) identidade da pessoa física do juiz;

a.4) concentração de atos em uma única audiência, a fim de manter-se viva a impressão pessoal do julgador sobre o caso em concreto;

a.5) irrecorribilidade de decisões interlocutórias, para não obstar o seguimento do feito.

b) Informalidade: prevalência da matéria sobre a forma – exemplo, art. 82, § 3°, da Lei, que indica o fato de erros materiais poderem sofrer correção de ofício.

c) Economia processual: é o contra-ponto ao princípio da obrigatoriedade da ação penal; enquanto neste o processo é obrigatório, com todas suas conseqüências (ampla defesa, produção de prova quase ilimitada, audiências separadas, etc.), no Juizado espera-se dar fim à lide de forma econômica, sem dispêndio desnecessário de tempo e de atos processuais.

---

respeito, a analogia em direito penal e processo penal não é permitida quando prejudica a órbita de direitos individuais. Tal súmula, desta maneira, deve ficar restrita aos casos por ela enumerados, quais sejam delitos de médio potencial ofensivo e aplicação do art. 89 da Lei 9.099/95.

d) Celeridade: talvez o mais importante critério objetivado pela criação dos Juizados Especiais Criminais. A celeridade é instituto que praticamente inexiste em um processo penal comum, até mesmo para preservação dos direitos constitucionais do acusado, eis que o espaço jurídico funciona através da reflexão, ainda que, por vezes, oposta ao próprio conceito de ação. No entanto, ainda que necessária a reflexão, tem-se que, pelo estrangulamento funcional de nossos aparatos públicos, a demora e a burocracia existentes em um processo comum trazem à tona aquilo que se denomina, penalmente, de "cifras negras"; tal nomenclatura representa a infinidade de processos que, perdidos em meio aos escaninhos da justiça, por quaisquer motivos (ampla defesa, excesso de trabalho, rito processual dividido), jamais chegam a um julgamento, sendo alcançados, normalmente, pelo instituto da prescrição.

A existência de cifras negras traz importantes e nefastos reflexos à ordem social: primeiro, o agente delituoso veste o manto da impunidade; desta forma, tal pessoa apenas adquire mais força e coragem na realização de novos ilícitos, eis que nutre a crença de que o Estado de Direito não tomará as atitudes repressivas necessárias à punibilização. Segundo, a vítima fica absolutamente desamparada em seu pleito de justiça,[33] sofrendo, através do Poder Judiciário, um novo processo de "vitimização" (primeiro, foi vitimizada pelo delito em si; depois, foi vitimizada pelo Estado que não lhe amparou). Em terceiro, a própria sociedade sofre com tal situação, eis que a aplicação da pena nada mais representa do que, também

---

[33] Não afirmamos, aqui, que a vítima deverá buscar sua saciedade de justiça dentro do processo penal, eis que o interesse privado, em tal esfera, não deve ser considerado legítimo. Não obstante tal consideração, o problema surge quando o Estado, através de uma lei com propostas conciliadoras, "traz" a vítima para dentro do processo, gerando-lhe uma expectativa que não encontra amparo legal ou fático. Desta maneira, a vítima, ao ser chamada para a conciliação e ao receber explicações sobre a composição civil, acaba por acreditar que encontrará alguma espécie de resguardo junto ao aparato jurídico-penal, crença esta imediatamente afastada quando, inexitosa dita composição, surge a transação penal como causa extintiva de punibilidade. Gera-se, no (in)consciente do leigo (a vítima e o autor do fato, inclusive), a impressão de que aquele ato porventura cometido não trouxe maiores conseqüências. Em suma, através de uma péssima simbologia, esta situação acaba por fomentar a sensação de impunidade ao prometer uma resposta penal (eis que crimes) e dar uma resposta conciliatória ao problema.

pelo viés simbólico, o sentimento de segurança da sociedade frente aos agentes delituosos.[34]

Muito embora a celeridade seja de vital importância ao processo, no sentido de se evitarem as conseqüências supra-apontadas, temos que ela não pode, jamais, ser confundida com imediatismo processual. Um processo célere é um processo rápido que, ainda assim, preserva a dignidade e os direitos do acusado. Um processo imediatista é uma imposição ditatorial que somente violará direitos fundamentais do acusado, pervertendo o verdadeiro objetivo da persecução criminal.

e) Reparação de danos: aqui surge, também, um dos mais importantes conceitos da Lei nº 9.099/95. O processo penal, normalmente, é um processo que corre à revelia dos interesses da vítima. É um processo que privilegia o interesse social e que, no entanto, em nada ajuda aquele que realmente sofreu o dano. Também não é o caso de se falar em *actio civilis ex delicto*, pois tal ação, que surge da sentença penal condenatória, levará, aproximadamente, de oito a dez anos para ver-se julgada (quatro anos de processo penal, mais quatro anos de processo civil). A Lei nº 9.099/95, ao colocar a reparação de danos como princípio norteador de sua aplicação, trouxe a vítima e seus interesses pessoais para dentro do processo.[35]

Tal situação somente é possível pelo próprio conceito de "menor potencial ofensivo", ou seja, a sociedade, ao não se

---

[34] Das funções da pena surgem, consoante doutrina tradicional, a prevenção direta e indireta, ambas em sentido positivo e negativo. A prevenção direta positiva estaria retratada através do instituto da ressocialização do agente delituoso, instituto este absolutamente falido, tanto pelo viés jurídico quanto social, eis que as prisões atuais servem, isto sim, para etiquetar o agente e, via de conseqüência, perpetuá-lo no caminho do crime. A prevenção direta negativa, representada pelo temor a ser incutido no agente pela imposição de uma pena trabalha, explicitamente, com uma relação de custo-benefício altamente racionalizável e, em um país onde a classe política dá exemplos diários de impunidade, tem-se que esta relação acaba, subconscientemente, prejudicada no pensamento do "cidadão-comum". A prevenção indireta positiva, retratada na denominada "solidariedade orgânica", não subsiste enquanto prática, mas, ainda assim, reitera sua estrutura simbólica através do aparato midiático que cerca as grandes perseguições e condenações do Judiciário. Por fim, a prevenção indireta negativa, no "país da impunidade" e, principalmente, em um país sem perspectivas sociais adequadas, perde força e significado.

[35] O Ofício-Circular nº 072/04, da Corregedoria-Geral da Justiça/RS, recomenda aos magistrados gaúchos a intimação pessoal da vítima do crime após o trânsito em julgado da decisão do processo. Publicado no Diário da Justiça nº 2.866, em 28.05.04.

sentir violentamente agredida pelo delito praticado, cede lugar aos interesses da vítima, dando a esta, conforme veremos adiante, a opção de dar ou não seguimento ao feito.

f) Aplicação de pena não-privativa de liberdade: entra em cena o princípio da humanidade, a imposição de uma pena não degradante ao acusado e, principalmente, a imposição de uma pena que realmente detenha caráter ressocializador e utilitário à própria sociedade.[36] Novamente, tal critério tem justa concordância com a não-violência do delito, ou seja, a não-agressão a bens fundamentais da sociedade.

Aqui abre-se, também, importante exceção ao artigo 44, Código Penal, modificado pela Lei nº 9.714/98. A substituição da pena privativa de liberdade pelas penas restritivas de direito, consoante nosso Código Penal, deverá obedecer, nos delitos dolosos, a certos requisitos, dentre eles a inexistência de violência ou grave ameaça à pessoa. Por tal exegese, poder-se-ia concluir, por exemplo, que uma pessoa, condenada pelo delito de lesão corporal leve (art. 129, *caput*), teria que cumprir sua pena em regime de privação de liberdade.

Tal passo, entretanto, não se coaduna com o entendimento ora exposto. Na medida em que se está versando sobre um delito de menor potencial ofensivo, ou seja, sobre um fato que, talvez, nem mesmo julgamento mereça, não há como se sustentar a tese de que, se julgado for, traga consigo a necessidade da prisão. Versa-se, novamente, sobre uma questão primária de proporcionalidade e, nesta senda, a condenação por crimes cometidos com violência ou grave ameaça, se de menor ou médio potencial ofensivo, não encontrarão obstáculo, junto ao artigo 44, CP, para substituição da pena privativa de liberdade por uma pena restritiva de direitos.

### Seção I
### DA COMPETÊNCIA E DOS ATOS PROCESSUAIS

**Art. 63.** A competência do Juizado será determinada pelo lugar em que foi praticada a infração penal.

A competência será designada pelo local onde foi cometida a infração penal. Ora, o lugar de prática de infração

---

[36] Vale frisar que o autor Daniel Gerber não acredita na função ressocializadora da pena como elemento legitimador do direito de punir. Neste sentido, todas as lições de SALO DE CARVALHO.

penal, ou seja, o "lugar do crime", nos é trazido pelo art. 6°, CP, que consagra a teoria da ubiqüidade. Deste modo, a competência seria indistintamente a do lugar da conduta ou o do resultado. Nesse sentido, a posição sustentada por Marino Pazzaglini Filho, Alexandre de Moraes, Gianpaolo Poggio Smanio e Luiz Fernando Vaggione, em Juizado Especial Criminal, São Paulo, Atlas, 1995, p. 27.

Não obstante tal entendimento, grande parte da doutrina entende que o artigo ora em tela proclama a "teoria da ação" como sendo norteadora da competência funcional dos Juizados, em oposição à "teoria do resultado" preconizada junto ao artigo 70 de nosso CPP.

Assim, deve-se ter presente que o lugar da infração é onde foi praticada a conduta, independentemente do local da produção do resultado. Essa é a nossa posição, endossada por Ada Pellegrini Grinover, *Juizados Especiais Criminais*, São Paulo, Revista dos Tribunais, 1996, p. 179-81; Damásio E. de Jesus, *Lei dos Juizados Especiais Criminais Anotada*, Ed. Saraiva, 1996, p. 46; STF, Inq. 1.055, 1ª Turma, 12.02.96, rel. Min. Celso de Mello, DJU, 15.02.96, p. 2881.

Sendo caso de ação penal de iniciativa privada, o querelante pode escolher se vai interpor a ação no lugar da infração penal ou no lugar do domicílio do querelado, nos termos do artigo 73 do Código de Processo Penal.

Importante ressaltar que a competência em razão do lugar, a chamada competência territorial, é relativa e deve ser alegada, em exceção, pela parte interessada, sob pena de ser prorrogada, não importando em nulidade sua inobservância.

**Art. 64.** Os atos processuais serão públicos e poderão realizar-se em horário noturno e em qualquer dia da semana, conforme dispuserem as normas de organização judiciária.

Publicidade dos atos. Em acordo com o Código de Processo Penal, em seu art. 792, assim como com a Constituição Federal, em seu art. 5°, LX (via negativa). Para os habituados ao juizado especial cível, a prática de atos noturnos não configura nenhuma espécie de novidade. Na esfera penal, pelo menos no Estado do Rio Grande do Sul, tais atos se realizam dentro do horário de expediente normal do foro, tradicionalmente até as 18h e, por óbvio, dentro dos dias úteis da semana.

A possibilidade de realização dos atos processuais em horário noturno tem sido utilizada, desde o início da vigência da Lei, para as audiências do Juizado Especial Cível. Quanto ao Criminal, em que pese haver essa mesma possibilidade, não tem sido adotado o horário noturno, preferindo-se o diurno. Essa opção se deve a questões de segurança, já que nos conflitos de ordem criminal as relações entre as partes são mais tensas e, não raro, necessitam de intervenção dos órgãos de segurança interna dos Foros.

> **Art. 65.** Os atos processuais serão válidos sempre que preencherem as finalidades para as quais foram realizados, atendidos os critérios indicados no art. 62 desta Lei.
>
> § 1º. Não se pronunciará qualquer nulidade sem que tenha havido prejuízo.
>
> § 2º A prática de atos processuais em outras comarcas poderá ser solicitada por qualquer meio hábil de comunicação.
>
> § 3º Serão objeto de registro escrito exclusivamente os atos havidos por essenciais. Os atos realizados em audiência de instrução e julgamento poderão ser gravados em fita magnética ou equivalente.

Tal artigo traz como objetivo, ao declarar a validade de atos processuais, instrumentalizar, adequadamente, o princípio da informalidade, consoante o art. 62, já analisado, pois, como cita Tourinho Filho, *se o processo, perante o Juizado, deve ser regido pelos princípios da simplicidade, da informalidade, da celeridade e da economia processual, parece claro que a minimização das violações do ritualismo deve ser de rigor, sob pena de haver uma "contradictio in adjectu"*.[37]

> § 1º. Não se pronunciará qualquer nulidade sem que tenha havido prejuízo.

Tal parágrafo, ao afirmar quer não existirá o nulo se não houver o prejuízo, traz, em sua dicção, idêntica orientação a que se submete o art. 563, CPP,[38] qual seja o princípio do prejuízo. De acordo com tal idéia, esposada já na exposição

---

[37] TOURINHO FILHO, Fernando da Costa. Op. cit., p. 51.
[38] Art. 563, CPP – "Nenhum ato será declarado nulo, se da nulidade não resultar prejuízo para a acusação ou para a defesa".

de motivos de nosso diploma processual,[39] não existirá decretação de nulidade se o ato, mesmo que imperfeito em sua forma, não acarretar dano processual às partes e ao interesse público envolvido em um processo penal.

Dentro deste paradigma, a graduação das nulidades, em acordo com o prejuízo que podem trazer ao processo, é a seguinte:

1. Meramente Irregulares
2. Relativamente nulos atos processuais
3. Absolutamente nulos
4. Juridicamente inexistentes

*3.1. Atos Inexistentes*

Existem casos em que a desconformidade do ato em relação a seu modelo legal (tipicidade processual e substancial) é de tal ordem que este ato, sob nenhuma hipótese, poderia produzir um efeito jurídico.

Neste caso, o objetivo de um ato processual encontra-se maculado de tal forma que este ato não necessita nem mesmo ser declarado inválido através de um pronunciamento judicial. O ato é inválido por si só.

Quando isto acontece, estamos diante de um "não-ato", ou seja, de um ato juridicamente inexistente. Aqui nem mesmo se fala em "nulidade", eis que não se anula o que não existe.

Atenção: o ato inexistente existe na esfera material; ele acontece, se solidifica; no entanto, por ser absolutamente anômalo, atípico, não adentra na esfera jurídica. Este ato não tem um elemento sequer, em sua concretização, que o eleve à categoria de ato jurídico. E por tal motivo – não ter entrado, nem por um momento, em esfera jurídica – é que a doutrina

---

[39] Exposição de motivos, item XVII: "Como já foi dito de início, o projeto é infenso ao excessivo rigorismo formal, que dá ensejo, atualmente, à infindável série das nulidades processuais [...]. Não será declarada a nulidade de nenhum ato processual, quando este ato não haja influído concretamente na decisão da causa [...]". Vale advertir o leitor, entretanto, que nosso CPP, em sua exposição de motivos, assume, explicitamente, a inspiração que o código de Rocco lhe forneceu, código este de matiz absolutamente fascista. Por isso cumpre recordar que, em processo penal, forma, enquanto garantia contra o abuso do poder punitivo, deverá, sempre, ser respeitada, sendo que o aceite de um ato em desconformidade para com seu modelo legal deverá, sempre, ser visto enquanto exceção.

explica a desnecessidade de um provimento judicial a retirar-lhe a eficácia. Ele nunca foi eficaz, simplesmente "não existiu".

### 3.2. Atos Nulos/Atos Irregulares

Por vezes existem atos que, muito embora formalmente atípicos, contêm elementos que permitem sua entrada no mundo jurídico, produzindo efeitos. Nestes casos, em que a atipicidade do ato não foi forte o suficiente para considerá-lo inexistente por si só, *deverá existir um pronunciamento judicial a declarar-lhe a nulidade.*

Atos nulos, então, são atos também atípicos que, muito embora em desconformidade com o modelo legal, necessitam de pronunciamento judicial para serem declarados ineficazes.

Tal ponto merece destaque: se não ocorrer o pronunciamento judicial, o ato não será retirado do processo e, indo além, produzirá efeitos. Desta forma, teremos não um ato nulo – eis que a nulidade precisa ser decretada – mas sim um ato irregular.

Consoante a lição da doutrina, ato irregular é o ato que poderia ter sido declarado nulo, mas não o foi; ato nulo é aquele que poderia ter sido somente um ato irregular, mas teve sua nulidade decretada.

Os atos nulos, por sua vez, subdividem-se em duas distintas espécies, a saber:

### 3.3. Ato Absolutamente Nulo

Para Ada Pellegrini,[40] a nulidade absoluta ocorre quando o vício afeta de tal forma o ato ou a garantia de Direitos que ele enseja que seu prejuízo ao processo é flagrante. O vício atinge, de forma inquestionável, o interesse público da correta aplicação do direito. Nestes casos, o próprio juiz, de ofício, deverá decretar a invalidade do ato.

Obs: muitas vezes a nulidade absoluta poderá ocorrer não pelo ato em si, mas, ao revés, por sua omissão, ou seja, pela não-realização do ato (falta de citação, falta de intimação, etc.). Nesta hipótese, a nulidade recairá sobre os atos

---

[40] GRINOVER, Ada Pellegrini. *Nulidades no processo penal.*

subseqüentes ao ato faltante se, dele, dependerem direta ou indiretamente. Deve-se atentar para não haver confusão entre inexistência material do ato, que gera nulidade de atos posteriores, e inexistência jurídica do ato, que gera a inexistência do ato em si.

a) Conceito básico: Nulidade absoluta ocorre quando um ato traz em si imperfeição de tal monta que prejudica o próprio interesse processual envolvido, e para o qual a lei não prevê forma de convalidação, salvo exceções.

b) Observação: Esta imperfeição excessiva do ato poderá ser gerada por dois distintos fatores: absoluta atipicidade do ato ou atipicidade qualquer (excessiva ou moderada) que recaia sobre ato essencial ao processo. O ponto crucial, no entanto, reside no fato de que a nulidade absoluta traz, consigo, o conceito de prejuízo presumido, ou seja, as partes não precisam demonstrar ao julgador o que sofrem ou sofreram com o ato, limitando-se a apontar sua (in)existência no processo (sendo que o julgador, de ofício, poderá declarar a nulidade do mesmo).

A regra do prejuízo presumido não encontra, neste § 1º, sua exceção. Desta forma, e como já afirmado, se ocorrer, no rito sumaríssimo, uma nulidade absoluta, seu prejuízo não precisará ser provado.

### 3.4. Ato Relativamente Nulo

Para a doutrina, o ato relativamente nulo surge de uma atipicidade que não prejudica o processo de forma inquestionável. É atípico, mas para a decretação de sua nulidade, além de um pronunciamento judicial, será necessário um requerimento da parte neste sentido, comprovando o prejuízo que a existência de tal ato poderá acarretar.

Consoante Tourinho Filho, é o ato que admite uma medida sanatória, admite convalidação. Na medida em que uma das partes alegou a nulidade de tal ato, ele poderá ser sanado de forma competente ou, simplesmente, ser convalidado.

No ato relativamente nulo, a atipicidade relativa entre ato concreto e molde legal deverá ocorrer tão-somente em atos não essenciais ao processo.

Ada Pellegrini ensina que esta essencialidade deriva da fonte de tais atos e dos princípios a que visam proteger de forma direta e imediata. Se a sua fonte for Constitucional, ou se um dos princípios protegidos pelo ato for um dos princípios basilares do processo penal (ampla defesa, contraditório, igualdade entre as partes), a atipicidade do ato irá gerar, sempre, nulidade absoluta.

a) Conceito básico: nulidade relativa ocorre quando um ato não-essencial ao processo traz em si uma imperfeição que não compromete, de forma inquestionável, o objetivo processual. Desta forma, para que tenha sua nulidade decretada, a parte que a alegou deverá comprovar o prejuízo que ela causa.

Observação: Os §§ 2º e 3º, por sua vez, ao preverem a solicitação de atos através de qualquer meio comunicativo e gravação somente de atos essenciais, declara, em sede de juizado especial criminal, a absoluta prevalência do princípio da informalidade. No entanto, deve-se cuidar com a própria concepção daquilo que se denomina "ato essencial", pois, muito embora a doutrina aluda, tradicionalmente, a transação, denúncia, etc., deve-se perceber que, em nome da ampla defesa, qualquer ato tipo e justificado como essencial deverá constar do feito. Desta maneira, se a parte se sentir prejudicada, ou se quiser registrar determinado ato que julgue essencial, deverá requerê-lo ao magistrado.

> **Art. 66**. A citação será pessoal e far-se-á no próprio Juizado, sempre que possível, ou por mandado.
>
> Parágrafo único. Não encontrado o acusado para ser citado, o juiz encaminhará as peças existentes ao juízo comum para a adoção do procedimento previsto em lei.

Para melhor explicar a diferença que este artigo trouxe para o cenário processual pátrio, faz-se mister, primeiro, diferenciar-se citação, intimação e notificação. Nas palavras de Ada Pellegrini: *a primeira corresponde ao chamamento do réu à juízo, para responder à ação contra ele proposta; a intimação é o ato pelo qual se dá conhecimento a alguém dos atos praticados no processo; já a notificação é ato destinado a transmitir conhecimento de ordem do juiz para que se faça ou deixe de fazer alguma coisa.*[41]

Pois bem, tradicionalmente (ritos ordinário, sumário, júri etc.), o primeiro ato de comunicação do Poder Judiciário

---

[41] GRINOVER, Ada Pelegrini. Op. cit., p. 39.

para com o indivíduo é a citação, eis que, em tais ritos, a denúncia ofertada pelo Ministério Público é recebida pela autoridade julgadora e, por força deste recebimento, o indivíduo é citado para interrogatório. Desta forma, torna-se óbvia a impossibilidade de citar-se o indivíduo no próprio Juízo, quando em tais ritos, eis que, em tese, ele nem mesmo saberia o que estava a ocorrer.

Em sede de Juizado, no entanto, o primeiro chamamento do acusado ao foro não se refere ao exercício de defesa contra uma denúncia/queixa-crime já recebida, eis que tal peça acusatorial nem mesmo foi oferecida. Pelo contrário, o procedimento que se ergue ante o juizado se inicia através de uma audiência de cunho conciliatório, onde ainda não se configura uma acusação formal, por parte do Ministério Público ou da própria vítima (queixa-crime), em desfavor do acusado. Desta maneira, em não existindo tal formalização acusatorial e, principalmente, em se tratando de conciliação, o individuo será intimado para comparecer perante o Juizado e, somente após as tentativas conciliatórias é que, talvez, surja a denúncia ou queixa e, com elas, a hipótese de citação a que se faz referência neste dispositivo.

O parágrafo único deste dispositivo traz consigo uma das raras hipóteses de exceção à competência dos Juizados Especiais, exceção esta que irá ocorrer quando o acusado não for encontrado para ser citado.

Em tais casos o Juizado, por traduzir seu procedimento em celeridade, não terá competência para proceder a citação editalícia. Desta forma, ante o não-comparecimento do acusado para ser citado, e ante a frustração de tal ato através de oficiais de justiça, ocorrerá a declinação de foro; o processo será encaminhado ao Juízo comum e, lá, será adotada a regra do art. 366, Código de Processo Penal, ou seja, operar-se-á o recebimento da denúncia ou queixa-crime, será realizada a citação por edital e, caso o agora réu (querelado) não compareça, serão suspensos o processo e o prazo prescricional (este, pelo tempo em que iria durar a prescrição punitiva em abstrato).

**Art. 67.** A intimação far-se-á por correspondência, com aviso de recebimento pessoal, ou, tratando-se de pessoa jurídica ou firma individual, mediante entrega ao encarregado da recepção, que será obrigatoriamente identificado, ou, sendo necessário, por oficial de justiça, independentemente de mandado ou carta precatória, ou ainda por qualquer meio idôneo de comunicação.

Parágrafo único. Dos atos praticados em audiência considerar-se-ão desde logo cientes as partes, os interessados e seus defensores.

O vocábulo "intimação" pressupõe a existência de um processo, instrumento este ainda inexistente. O nome tradicional para o procedimento descrito no presente artigo é notificação, eis que se resume em ordem de Magistrado, requerendo o comparecimento das partes. No entanto, a doutrina entende que a Lei nº 9.099/95, ao utilizar tal nomenclatura, simplesmente aboliu as antigas diferenciações supra-explicadas.

Esta intimação é o primeiro chamamento jurisdicional do acusado, pretendendo, com isso trazer sua participação para a audiência conciliatória. Como já afirmado, não existe, ainda, denúncia ou queixa-crime, mas, ainda assim, a intimação somente será considerada válida se pessoal.

Possível exceção à pessoalidade do ato de intimar poderia ser encontrada quando em referência à pessoa jurídica. Tal interpretação, entretanto, não procede. Nesta senda, deve-se observar que a Lei nº 9.099/95, quando de sua criação, não trabalhava com a pessoa jurídica enquanto agente de fato delituoso, eis que tal previsão somente passou a ocorrer, em nosso ordenamento, a partir de 1998, com a Lei nº 9.605/98, que dispôs sobre as sanções penais e administrativas derivadas de condutas lesivas ao meio ambiente, tipificando novos Crimes Ambientais. Desta maneira, a lei, quando fala em intimação da pessoa jurídica através de seu encarregado da recepção, trabalha, apenas, com a hipótese da pessoa jurídica na qualidade de responsável civil pelo agente delituoso – este sim, pessoa física e intimado pessoalmente. No entanto, a partir de 1998, com a possibilidade de se criminalizar o ente jurídico em si, deve-se observar a distinção: se a intimação ocorrer na qualidade de responsável civil, será na forma da parte final deste artigo, ou seja, mediante entrega de documento ao encarregado da recepção. Se, entretanto, for intimação na qualidade de responsável penal, esta deverá, a teor da pessoa física, ser pessoal, ou seja, entregue ao representante legal da pessoa jurídica em questão.

Quanto ao parágrafo único deste artigo, Tourinho Filho resume a questão ao afirmar que *antes mesmo da Lei nº 9.099/95, em razão do princípio da economia processual, os Juízes já vinham observando essa conduta, nos processos comuns, quando a audiência não se realizava. Assim, se presentes as testemunhas, réus, Ministério Público e Defensores, mas observar que um dos Advogados constituído não foi intimado, o Juiz redesignará a audiência, saindo todos devidamente intimados para a vindoura. Esse comportamento da prática forense quanto à redesignação do dia para a audiência, saindo todos os presentes intimados, foi acolhido aqui.*[42]

**Art. 68.** Do ato de intimação do autor do fato e do mandado de citação do acusado constará a necessidade de seu comparecimento acompanhado de advogado, com a advertência de que, na sua falta, ser-lhe-á designado defensor público.

Tal artigo traz à tona a diferenciação lingüística que se pretendeu dar àquele a quem se imputa um fato típico, denominando-o autor do fato em vez de acusado. Tal pretensão, por óbvio, visou a resguardar a imagem do indivíduo ante a audiência conciliatória, diferença esta que, a nosso ver, não subsiste à prática, eis que conceitos sinônimos.

Quanto à nomeação de defensor público exigida pelo artigo, temos que basta a nomeação de um defensor *ad hoc*, que somente persistirá no feito em caso de necessidade do acusado. Ressalta-se, no entanto, que o cidadão, ainda na qualidade de "autor do fato", ou seja, mesmo sem uma acusação formal a pesar contra si, necessita da presença de advogado, eis que as oportunidades de conciliação e transação penal ser-lhe-ão oferecidas e, para aceitá-las ou recusá-las, deverá estar tecnicamente instruído. Tal garantia, não obstante a clara necessidade de sua afirmação, é, muitas vezes, desrespeitada em audiências de conciliação feitas com (pasmem!) vários autores do fato ao mesmo tempo, em manobra adotada para "desafogar" a pauta do juizado (vide mais comentários junto ao art. 89 da Lei).

## Seção II
### DA FASE PRELIMINAR

**Art. 69.** A autoridade policial que tomar conhecimento da ocorrência lavrará termo circunstanciado e o encaminhará imediatamente ao Juizado, com o autor do fato e a vítima, providenciando-se as requisições dos exames periciais necessários.

---

[42] TOURINHO FILHO, Fernando da Costa. Op. cit., p. 62.

Parágrafo único. Ao autor do fato que, após a lavratura do termo, for imediatamente encaminhado ao Juizado ou assumir o compromisso de a ele comparecer, não se imporá prisão em flagrante, nem se exigirá fiança.

Uma das maiores inovações do rito de delitos de menor potencial ofensivo é a criação de um Termo Circunstanciado. Dito instituto é o substitutivo do Inquérito Policial, e sua função é, sem dúvida alguma, outra. Neste sentido, o Inquérito Policial busca, desde seu início, angariar prova de materialidade e indícios de autoria, elementos estes essenciais ao correto desenvolvimento futuro de uma denúncia ou queixa-crime em desfavor do agente delituoso. No Termo Circunstanciado, por sua vez, a atividade policial circunscreve-se no âmbito narratório ou, em outras palavras, delimita-se pela lavratura de ocorrência com a versão ofertada pela vítima e o envio de tal ocorrência ao Juizado. Isto não significa, por óbvio, que resta afastado o Inquérito Policial dos delitos de menor potencial ofensivo. Pelo contrário, tal procedimento deverá ser requisitado pelo Ministério Público em casos onde acredite se fazer necessária uma investigação, seja para acolher inicialmente ou afastar de imediato a pretensão aduzida pela vítima ante a ocorrência lavrada.

Como afirmado, a substituição inicial do Inquérito Policial pelos Termos Circunstanciados visa, fundamentalmente, a garantir-se celeridade ao feito. No entanto, o próprio artigo já vislumbra a requisição imediata dos exames periciais necessários à formação da materialidade do delito, eis que, se existentes os vestígios, tal prova faz-se insubstituível e, por isso mesmo, de singular importância parra o correto desenvolvimento do procedimento. Tais exames, entretanto, não devem ser confundidos com o exame de corpo de delito em si.

Neste sentido, ao se combinar o artigo em comento com o artigo 77, que versa sobre o oferecimento de denúncia, perceber-se-á que, em esfera policial e para o início do procedimento acusatório propriamente dito, o exame de corpo de delito poderá ser substituído por prova pericial equivalente. Desta maneira, ante as exceções legais expressamente previstas junto aos arts. 69 e 77 da Lei ora em análise, resta afastada a obrigatoriedade do art. 167 do Código de Processo Penal. No entanto, e não obstante estar correto tal procedimento pelo viés formal-legalista, cumpre lembrar o art. 564,

III, "b", CPP, que declara a nulidade do processo em casos de falta de exame de corpo de delito. Desta forma, muito embora em esfera policial e em oferecimento de denúncia, a Lei prescinda do corpo de delito. Para haver sentença condenatória, este será necessário, eis que inexistente qualquer exceção legal a tal regra.

O parágrafo único, por sua vez, traduz a tendência despenalizadora da Lei. Certo é que, de acordo com o art. 310, Código de Processo Penal, a prisão em flagrante somente poderá ser mantida quando presentes os requisitos que autorizem o decreto de prisão preventiva. Desta forma, em âmbito de delitos de menor potencial ofensivo, o indivíduo jamais restaria preso, eis que, por força do art. 316, CPP, não se decreta a prisão preventiva em delitos punidos com detenção. No entanto, e evitando qualquer espécie de interpretação conflituosa que entendesse pela incorreção do raciocínio ora exposto, o artigo em comento, explicitamente, afasta a continuidade do flagrante quando o agente, preso desta forma, compromete-se ao comparecimento perante o Juizado Especial Criminal. Caso não se comprometa, o auto de prisão em flagrante deverá ser encaminhado ao Poder Judiciário que, após homologar tal peça, irá conceder ao preso a liberdade provisória, por força dos argumentos acima expendidos.

**Art. 70.** Comparecendo o autor do fato e a vítima, e não sendo possível a realização imediata da audiência preliminar, será designada data próxima, da qual ambos sairão cientes.

A previsão de audiência imediata, por óbvio, não resistiu à prática forense, eis que ainda falta um longo caminho para que o Poder Judiciário esteja apto a atender, imediatamente, uma reclamação que lhe é dirigida. Existem Comarcas cuja pauta de audiências do Juizado, através de acordo do Delegado de Polícia com o Magistrado, é feita na delegacia de polícia e, nestes casos, a própria autoridade policial, ao lavrar o termo circunstanciado, já intima as partes da data de audiência conciliatória. No entanto, o tradicional é que este termo seja enviado ao cartório do juizado, seja dada vista dele ao Ministério Público e, após pronunciamento preliminar do órgão ministerial sobre a mínima viabilidade acusatória, sejam as partes intimadas para a audiência prevista junto aos arts. 72 e seguintes da Lei. Esta vista prévia do Ministério

Público, por sua vez, traz por fito evitar o desgaste das partes com esta referida audiência em casos onde a reclamação contida em ocorrência policial já esteja atingida pela decadência ou, por exemplo, narre fato absolutamente atípico.

> **Art. 71.** Na falta de comparecimento de qualquer dos envolvidos, a Secretaria providenciará sua intimação e, se for o caso, a do responsável civil, na forma dos arts. 67 e 68 desta Lei.

Procedimento usual, conseqüência do explicado no artigo antecedente. Após a lavratura do Termo Circunstanciado, ele é remetido ao Juizado Especial e lá, após a vista prévia por parte do agente ministerial, se este entender que é o caso de encaminhar os fatos à audiência, providencia-se a intimação das partes para realização da audiência preliminar de conciliação (art. 72).

Note-se que tal intimação deverá, sempre, vir com o aviso de que as partes deverão comparecer acompanhadas do responsável civil, quando for este o caso, eis que o objetivo fundamental da Lei nº 9.099/95 é, justamente, gerar sobre o caso uma causa antecipada de extinção de punibilidade, seja ela a composição civil, transação penal ou suspensão condicional do processo. No caso da composição civil, como se verá adiante, a presença do responsável civil da vítima e do autor do fato adquire singular importância, eis que este acordo, em casos de ação penal privada ou ação penal pública condicionada à representação gera, imediatamente, a extinção de punibilidade do acusado (indo além, este acordo, se realizado sem qualquer espécie de ressalva por parte da vítima, compreende, em tese, a totalidade indenizatória que ela deseja obter por fruto do dano sofrido e causado, hipoteticamente, pelo acusado. Desta forma, se realizada a composição civil, extingue-se o direito de a vítima buscar, em outra esfera do Direito, a indenização pelo fato.

> **Art. 72.** Na audiência preliminar, presente o representante do Ministério Público, o autor do fato e a vítima e, se possível, o responsável civil, acompanhados por seus advogados, o juiz esclarecerá sobre a possibilidade da composição dos danos e da aceitação da proposta de aplicação imediata de pena não privativa de liberdade.

A importância desta audiência preliminar torna-se singular ante o rito sumaríssimo, eis que é aqui que surgem as três primeiras causas extintivas de punibilidade:

a) realiza-se a tentativa de composição civil entre vítima e autor do fato;

b) é aqui que se perquire para a vítima sobre o desejo de representação (se for o caso, obviamente – art. 75);

c) é oferecida a transação penal pelo Ministério Público, na forma do art. 76 da Lei.

No que tange à composição civil, tem-se que a mesma reside em um acordo a ser realizado entre autor do fato e vítima, acordo este de cunho eminentemente privado e que traz, na ação penal pública condicionada e na ação penal privada, a extinção de punibilidade através da renúncia ao direito de queixa ou representação, consoante art. 74 desta Lei, quando devidamente realizado. Mister frisar, inclusive, que a simples realização do acordo em audiência com o trânsito em julgado da decisão que o homologa já é, por si só, a causa extintiva de punibilidade ora aludida, ou seja, ainda que o autor do fato não cumpra para com o pactuado, ao direito da vítima de representar ou processá-lo mediante queixa-crime já estará extinto, restando-lhe somente – e quando possível – a execução do pacto em esfera cível.

Vale, em tal ponto, uma crítica: a tentativa de composição civil antecede a oferta de representação ou queixa-crime; em outras palavras, a composição civil deverá ser tentada antes de perquirir-se à vítima sobre seu desejo de representar, passo este que, em nosso entendimento, deveria restar invertido, ou seja, primeiro pergunta-se à vítima sobre seu desejo de representação: se positivo, tenta-se a composição civil; se negativo, arquiva-se, simplesmente, o feito, sem que o autor do fato, nestes casos, se veja submetido à tentativa de compor danos que a própria vítima, em um primeiro momento, poderia julgar inexistente. Ou, pior, sem que a vítima utilize a possibilidade de um processo penal como instrumento de coação.

A transação penal, por sua vez, significa um acordo a se realizar entre autor do fato e Ministério Público, acordo este que implica, por parte do primeiro, a aceitação de uma pena restritiva de direitos ou de uma pena pecuniária e, por parte do segundo, o não-oferecimento de uma denúncia criminal.

Severas críticas recebeu tal instituto, eis que traz à tona a aplicação de uma pena totalmente desvinculada da verificação de culpabilidade por parte de quem a aceita. O primeiro ponto a ser salientado reside na impossibilidade de conversão de tal pena em pena privativa de liberdade, quando não cumprida, adequadamente, pelo autor do fato. Neste sentido, Ada Pellegrini:

> "De nossa parte, entendemos inaplicável ao sistema dos Juizados Especiais a previsão de conversão da pena restritiva de direitos em pena privativa de liberdade.
>
> Isso porque, ainda que em tese a conversão seja possível, falta no caso a previsão legal para sua realização. No sistema do Código Penal, a pena restritiva resulta de substituição de pena detentiva e, em caso de descumprimento, será convertida pelo tempo de pena privativa da liberdade aplicado na sentença. Mas no Juizado a pena restritiva é autônoma, não existindo quantidade de pena detentiva para conversão. Embora exista quantidade de pena restritiva, não se pode estabelecer eqüivalência entre esta e a quantidade de pena privativa de liberdade".[43]

Concordamos com tal assertiva, até mesmo porque imaginar-se o contrário significaria permissão para que alguém sofresse restrições à sua própria liberdade sem ter passado pelos princípios garantidores de nossa Carta Constitucional, o que eivaria de inconstitucionalidade referido dispositivo.

O segundo problema reside na responsabilização de um agente que nem mesmo julgado foi. Deve-se atentar, em relação a este ponto, que a pena ora imposta, justamente por não derivar de uma decisão condenatória transitada em julgado, não significa aceitação de qualquer espécie de responsabilidade por parte do agente que transaciona. Sem dúvida, as críticas de Karam são extremamente bem-vindas e demonstram aquilo que se denomina "direito penal subterrâneo", eis que, através da transação, o poder de punir do Estado encontra-se amplificado. Não obstante, deixa-se claro que, no mundo jurídico, a transação penal não significa e não pode significar nenhuma espécie de responsabilidade, seja civil, seja criminal, ante o fato imputado.

---

[43] GRINOVER, Ada Pelegrini *et al*. *Juizados Especiais Criminais*, p. 144.

**Art. 73.** A conciliação será conduzida pelo juiz ou por conciliador sob sua orientação.

**Parágrafo único.** Os conciliadores são auxiliares da Justiça, recrutados, na forma da lei local, preferentemente entre bacharéis em Direito, excluídos os que exerçam funções na administração da Justiça Criminal.

Versa sobre a conseqüência da composição de danos civis entre autor do fato e vítima; esclarece que a sentença homologatória de tal acordo é irrecorrível, posição esta que não se sustenta frente ao § 5º do art. 76, que prevê apelação para sentença homologatória da transação entre autor do fato e Ministério Público.

Saliente-se o fato que, muito embora a composição possa ser levada a cabo por juiz leigo, a sua homologação, nos termos do princípio jurisdicional da indelegabilidade, somente será efetivada por Juiz togado.

"Parágrafo único. Tratando-se de ação penal de iniciativa privada ou de ação penal pública condicionada à representação, o acordo homologado acarreta a renúncia ao direito de queixa ou representação."

Tal parágrafo deve ser interpretado em conjunto com o art. 75 desta Lei, e traz severa modificação no processamento de ações penais públicas condicionadas e ações penais privadas.

Nesta senda, deve-se marcar que a distinção entre o instituto da renúncia e o da desistência reside, justa e exclusivamente, no instante em que cada uma ocorre no mundo fático. Se o indivíduo, antes de exercer seu direito, abdica dele, estaremos diante de uma renúncia. Ao revés, se o Direito já foi exercido, estaremos diante de uma desistência. Este parágrafo, ao utilizar o vocábulo "renúncia", combinado com o art. 75, que explicita que será dada a oportunidade de representar, ao ofendido, quando não obtida a composição civil, demonstra que, em sede de juizado especial criminal, a única representação que serve enquanto condição de procedibilidade do Ministério Público é aquela que se realiza em audiência, após a tentativa de composição civil.

**Art. 74.** A composição dos danos civis será reduzida a escrito e, homologada pelo juiz mediante sentença irrecorrível, terá eficácia de título a ser executado no Juízo Cível competente.

Parágrafo único. Tratando-se de ação penal de iniciativa privada ou de ação penal pública condicionada à representação, o acordo homologado acarreta a renúncia ao direito de queixa ou representação.

Versa sobre a conseqüência da composição de danos civis entre autor do fato e vítima, conseqüência esta de ampla repercussão, principalmente ante o art. 78, em seu § 2º (comentários no próprio artigo) e, ainda, ante o instituto da decadência no que diz respeito ao direito de representar e oferecer queixa-crime em delitos de menor potencial ofensivo.

Esclarece ainda que a composição civil a ser realizada entre autor do fato e vítima deverá ser homologada por uma sentença de cunho irrecorrível. Tal posição, não obstante a letra da lei, poderá ser interpretada de duas distintas formas:

1) Não será permitida a interposição de recurso da decisão homologatória: nesta interpretação literal do dispositivo deve-se perceber que a vedação absoluta aos recursos poderia, em tese, impedir que o autor do fato pudesse contestar uma decisão manifestamente ilegal, seja por carregar consigo alguma nulidade absoluta, seja em relação ao mérito em si como, por exemplo, uma audiência realizada sem a presença de advogado para o autor do fato ou, quiçá, uma composição civil onde seja estipulada uma pena privativa de liberdade. Em tais casos, e seguindo a interpretação restritiva, o que restaria ao autor do fato seria a interposição de um mandado de segurança ou *habeas corpus,* eis que em ambos os casos um direito líquido e certo lhe foi usurpado, e ambos os instrumentos se inserem em nosso ordenamento, não como recursos, mas, sim, como ações impugnativas.

2) Será permitida a interposição de recurso ante a decisão homologatória: tal posição se ergue ante a interpretação analógica deste artigo frente ao § 5º do art. 76 da Lei, que prevê a apelação para sentença homologatória da transação penal realizada entre autor do fato e Ministério Público. Desta maneira, ter-se-ia como instrumento de impugnação o próprio recurso de apelo, a ser interposto em dez dias após a intimação das partes da decisão homologatória.

Saliente-se o fato de que, muito embora a composição possa ser levada a cabo por juiz leigo, a sua homologação, nos termos do princípio jurisdicional da indelegabilidade, somente será efetivada por Juiz togado.

Por fim, caso o autor do fato não cumpra com o pactuado, o máximo que resta ao ofendido é a execução de um eventual acordo perante a Justiça Cível, seja um valor já estipulado na própria composição civil, seja o pedido de conversão em perdas e danos. No entanto, se o acordo se realiza ante a promessa de um comportamento futuro (respeitabilidade entre as partes etc), deve-se atentar ao fato que ao ofendido, na área cível, caberá a necessidade de uma ação de conhecimento, provando que o pacto foi descumprido para, somente após a finalização do processo, executá-la.

> **Art. 75.** Não obtida a composição dos danos civis, será dada imediatamente ao ofendido a oportunidade de exercer o direito de representação verbal, que será reduzida a termo.
>
> Parágrafo único. O não-oferecimento da representação na audiência preliminar não implica decadência do direito, que poderá ser exercido no prazo previsto em lei.

Se não houver a composição dos danos, a vítima, se for este o caso, poderá representar contra o autor do fato oralmente. O prazo decadencial do parágrafo único é de seis meses, em acordo com o artigo 38 do Código de Processo Penal.

Tal artigo, volta-se a frisar, contribui, em conjunto com o artigo 74 da Lei, para criar severa modificação no que tange ao instituto da representação e seu momento de ocorrência. Neste sentido, e considerando que a oportunidade de representar será ofertada ao ofendido após a tentativa de composição civil, tem-se que a representação outrora e porventura oferecida em Delegacia não detém a mesma eficácia que o CPP lhe emprega. Em outras palavras, a representação, enquanto condição de procedibilidade do Ministério Público para intentar a ação penal, somente será válida quando realizada em audiência de conciliação, após a tentativa de composição civil, instituto este que se trona, ante a exegese legal, um verdadeiro direito líquido e certo do autor do fato.

Desta maneira, por exemplo, se uma pretensa vítima representar em delegacia de Polícia e, após tal ato, desaparecer, não sendo encontrada para a audiência conciliatória, o Ministério Público não poderá, somente com o ato realizado em Delegacia, levar o procedimento adiante, devendo requerer seu arquivamento e aguardo do vencimento do prazo decadencial (vide maiores comentários junto ao § 2° do art. 78 da Lei 9.099/95).

Por fim, vale salientar que o prazo decadencial do parágrafo único é de seis meses, em acordo com artigo 38, CPP.

> **Art. 76.** Havendo representação ou tratando-se de crime de ação penal pública incondicionada, não sendo o caso de arquivamento, o Ministério Público poderá propor a aplicação imediata de pena restritiva de direitos ou multas, a ser especificada na proposta.
>
> § 1°. Nas hipóteses de ser a pena de multa a única aplicável, o juiz poderá reduzí-la até a metade.
>
> § 2°. Não se admitirá a proposta se ficar comprovado:
>
> I – ter sido o autor da infração condenado, pela prática de crime, à pena privativa de liberdade, por sentença definitiva;
> II – ter sido o agente beneficiado anteriormente, no prazo de 5 (cinco) anos, pela aplicação de pena restritiva ou multa, nos termos deste artigo;
> III – não indicarem os antecedentes, a conduta social e a personalidade do agente, bem como os motivos e as circunstâncias, ser necessária e suficiente a adoção da medida.
>
> § 3°. Aceita a proposta pelo autor da infração e seu defensor, será submetida à apreciação do juiz.
>
> § 4°. Acolhendo a proposta do Ministério Público aceita pelo autor da infração, o juiz aplicará a pena restritiva de direitos ou multa, que não importará em reincidência, sendo registrada apenas para impedir novamente o mesmo benefício no prazo de 5 (cinco) anos.
>
> § 5°. Da sentença prevista no parágrafo anterior caberá a apelação referida no art. 82 desta Lei.
>
> § 6°. A imposição da sanção de que trata o § 4° deste artigo não constará de certidão de antecedentes criminais, salvo para os fins previstos no mesmo dispositivo, e não terá efeitos civis, cabendo aos interessados propor ação cabível no juízo cível.

Inexistindo composição civil e havendo representação da vítima, ou tratando-se de ação pública incondicionada, em não sendo o caso de arquivamento, poderá ser realizada a transação penal que, consoante o já mencionado, reside em um acordo envolvendo o autor do fato e o Ministério Público.

Na transação penal, o Ministério Público poderá, dentre a pena restritiva de direitos e a pena pecuniária, escolher uma das duas e ofertá-la ao autor do fato que, em aceitando, gera para si a extinção de punibilidade.

Muito se discute, em doutrina, se esta transação penal traduz-se em um direito subjetivo do acusado ou, ao revés, um poder discricionário do Ministério Público. Muito embora ambas as frentes detenham excelentes argumentos, o fato é que nossa jurisprudência quedou-se, em quase unanimidade, para a classificação deste instituto como um poder do Ministério Público, poder este que, por óbvio, deverá ser exercido – ou não – justificadamente, eis que ato administrativo vinculado.

Outra divisão doutrinária surge e perdura, ainda hoje, em relação ao caminho a ser adotado quando o agente do Ministério Público não oferece a transação penal ao autor do fato.

Uma corrente encabeçada por Nereu Giacomolli defende a idéia de que, nestes casos, em acordo com os princípios da Lei 9.099/95 (celeridade, informalidade), o próprio Juiz, caso discorde da posição ministerial, deverá realizar a proposta ao autor do fato.

De outra banda, uma segunda e majoritária corrente, encabeçada por Luis Flávio Gomes, labuta pela aplicação analógica do art. 28 do Código de Processo Penal; desta forma, o Juiz enviaria os autos ao Procurador-Geral, e este, analisando o caso, realizará ou não a proposta. Caso o Procurador-Geral entenda pela não-aplicação de tal instituto, nada mais se poderá fazer, eis que é de atribuição exclusiva do órgão do Ministério Público.

Em posição absolutamente minoritária, por fim, Mirabete encabeça uma vertente que, ante a não-realização da proposta por parte do M.P. originário, o feito deverá ter seu prosseguimento normal, eis que tal atitude não se configura arbitrariedade.

Concordamos com o entendimento sustentado por Luis Flávio Gomes, que é a posição do Ministério Público do Rio Grande do Sul demonstrada no Boletim Informativo nº 24 da Procuradoria-Geral de Justiça.

Também nesse sentido, por analogia, aponta-se Súmula nº 696 do Supremo Tribunal Federal, quando trata da proposta de suspensão condicional do processo:

"Reunidos os pressupostos legais permissivos da suspensão condicional do processo, mas se recusando o Promotor de Justiça a propô-la, o Juiz, dissentindo, remeterá a questão ao Procurador-Geral, aplicando-se por analogia o artigo 28 do código de Processo Penal".

Em nosso entendimento, não obstante a abalizada opinião da corrente adversa, o Juiz não pode suprir a lacuna deixada em aberto pelo representante do Ministério Público, eis que tal posição, se assumida, vai contra os princípios do sistema acusatório, sistema este adotado por nossa Constituição Federal e que, entre outras características, traz, como elemento fundante, a impossibilidade de o Juiz se movimentar *ex officio* em uma ação penal. Desta maneira, afirmamos novamente que nos filiamos à posição, hoje majoritária, que remete o processo, por analogia ao art. 28, CPP, ao Procurador-Geral de Justiça, fornecendo-lhe a palavra final sobre o caso.

Se tal proposta for aceita pelo autor do fato, extingue-se o processo criminal, e o descumprimento da mesma poderá gerar a execução da pena pecuniária ou a conversão da pena restritiva de direito em perdas e danos, com conseqüente arbitramento de valor e execução do mesmo, também junto à Vara competente (vide comentários em capítulo próprio). Deve-se frisar que esta pena jamais poderá ser convertida em pena privativa de liberdade, eis que inexiste qualquer espécie de responsabilidade penal em tais casos. Desta maneira, e como já analisado, o aceite de tal proposta não viola nenhum dos princípios garantidores de nosso processo penal, eis que não significa assunção de culpa, seja ela penal ou civil.

Indo além: este artigo versou, em sua literalidade, somente sobre ações penais condicionadas ou públicas. Aqui ergue-se uma antiga divergência doutrinária, eis que a queixa-crime, pela letra da Lei, não foi encampada pela possibilidade de transação penal. Não concordamos com tal posição, eis que, a vigorar tal distinção, o autor de um delito contra a honra (ação penal privada) teria menos garantias que um autor de delito contra a integridade física.

A discussão referente à aplicação dos institutos despenalizadores da Lei nos casos de ação penal de iniciativa privada será retomada no último capítulo, quando tratamos das questões controvertidas.

§ 1°. Nas hipóteses de ser a pena de multa a única aplicável, o juiz poderá reduzi-la até a metade.

Tal parágrafo, muito embora verse sobre a movimentação do Juiz, não fere o sistema acusatório, eis que o mesmo está restrito ao momento de aplicação de uma pena (ainda que não de caráter penal condenatório). Neste sentido, os próprios §§ 3° e 4° deste artigo demonstram, claramente, que se a transação é uma oferta que parte do órgão Ministerial, a aplicação de uma pena, seja ela qual for, independentemente de sua natureza jurídica, compete exclusivamente à autoridade judiciária, ou seja, ao Magistrado. No caso deste § 1°, o Magistrado poderá, no uso correto de suas atribuições, quantificar a pena de acordo com as condições socioeconômicas do autor do fato.

§ 2°. Não se admitirá a proposta se ficar comprovado:

I – condenação anterior à pena privativa de liberdade (não significa, necessariamente, reincidência);
II – utilização do mesmo benefício, no prazo de cinco anos pretéritos;
III – valoração do agente em relação à sua responsabilidade. A transação somente se opera quando o agente for pessoa capaz de compreender o caráter do que está se passando, e utilizar a experiência como lição, não voltando à delinqüir (suficiência da medida).

I – ter sido o autor da infração condenado, pela prática de crime, à pena privativa de liberdade, por sentença definitiva;

Tal inciso, se interpretado em sua literalidade, acabaria por contrariar dispositivo de cunho constitucional, qual seja, a proibição da pena de caráter perpétuo.

Nesta senda, a simples existência de uma condenação anterior não poderia, por óbvio, gerar efeitos *ad eternum*, eis que esta possibilidade se encontra corretamente vedada por nossa Carta Magna. Desta maneira, a correta exegese deste inciso ocorre quando ele é colocado em conjunto com o artigo 63 de nosso Código Penal ou, em outras palavras, quando limitado pelo prazo que nosso Código Penal utiliza para contabilizar os efeitos de uma condenação anterior ante o instituto da reincidência.

Na prática, mesmo inocentes têm aceito tal proposta, eis que a relação custo-benefício de responder a um processo criminal é mais alta do que o pagamento da multa normalmente proposta pelo Ministério Público.

> § 3º – apreciação do magistrado sobre a proposta. É o princípio da oportunidade sendo regrado pelo controle judicial exercido pelo Estado.
> § 4º – a proposta aceita não implica reincidência. Em verdade, não implica em aceitação de culpa propriamente dita. Por tal motivo, conforme § 6º deste artigo, também não implica em antecedentes ou efeitos civis.
> § 5º – Da sentença prevista no parágrafo anterior caberá a apelação referida no art. 82 desta Lei.

O apelo, devidamente previsto neste dispositivo, deverá ser interposto em 10 (dez) dias, e já conterá as razões da inconformidade do apelante. Desta forma, excetua-se, no rito sumaríssimo, o recurso bipartido de nosso CPP e, por conseqüência, algumas outras alterações acabam por se tornar necessárias:

1) Interposição por advogado – no CPP, o apelo pode ser interposto pela própria parte recorrente, na ausência de um defensor constituído, a Defensoria Pública será intimada para o oferecimento das razões recursais. Aqui, no rito sumaríssimo, como o apelo já traz consigo as razões de inconformidade, somente uma defesa técnica devidamente habilitada poderá ofertar o recurso. Desta forma, na ausência de defensor constituído, o agente deverá procurar a Defensoria Pública, *ab initio*, para interpor o devido recurso.

2) Impossibilidade de se arrazoar o apelo em segunda instância – um instrumento tradicionalmente utilizado nos ritos sumário e ordinário é o arrazoamento do apelo somente em segunda instância, consoante permissão expressa do art. 600, § 4º, CPP. Aqui, e pelos motivos já expostos, tal faculdade não vigora.

> § 6º. A imposição da sanção de que trata o § 4º deste artigo não constará de certidão de antecedentes criminais, salvo para os fins previstos no mesmo dispositivo, e não terá efeitos civis, cabendo aos interessados propor ação cabível no juízo cível.

Reside neste parágrafo a garantia legal de que o autor do fato, quando da transação penal, não perde seu caráter de inocente, eis que expressa a vedação de qualquer espécie de conseqüência negativa para si.

Reside também, neste parágrafo, a demonstração legal de que a vítima deixa de ser objeto de preocupação do rito sumaríssimo logo após a composição civil, eis que os frutos da transação penal não são – e nem devem ser – revertidos em seu favor e, como já explicitado, a própria transação em nada poderá prejudicar seu aceitante. Desta maneira, se a vítima desejar um ressarcimento ante o dano que imagina ter sofrido, deverá intentar uma ação de conhecimento no competente juízo cível.

### Seção III
### DO PROCEDIMENTO SUMARÍSSIMO

**Art. 77.** Na ação penal de iniciativa pública, quando não houver aplicação de pena, pela ausência do autor do fato, ou pela não ocorrência da hipótese prevista no art. 76 desta Lei, o Ministério Público oferecerá ao juiz, de imediato, denúncia oral, se não houver necessidade de diligências imprescindíveis.

§ 1º. Para o oferecimento da denúncia, que será elaborada com base no termo de ocorrência referido no art. 69 desta Lei, com dispensa do inquérito policial, prescindir-se-á do exame de corpo de delito quando a materialidade do crime estiver aferida por boletim médico ou prova equivalente.

§ 2º. Se a complexidade ou circunstâncias do caso não permitirem a formulação da denúncia, o Ministério Público poderá requerer ao juiz o encaminhamento das peças existentes, na forma do parágrafo único do art. 66 desta Lei.

§ 3º. Na ação penal de iniciativa do ofendido, poderá ser oferecida queixa oral, cabendo ao juiz verificar se a complexidade e as circunstâncias do caso determinam a adoção das providências previstas no parágrafo único do art. 66 desta Lei.

Sem composição civil, e sem transação penal, sendo o caso, o Ministério Público deverá oferecer a denúncia oral, requisitando, desde logo, as diligências imprescindíveis. Isto não acontece na audiência do art. 72; referida audiência – conciliatória – termina com a aceitação ou não da proposta do Ministério Público pelo autor do fato. Neste momento, se não aceita a proposta, é marcada uma nova audiência, de instrução e julgamento – art. 79 –, onde a denúncia será oferecida.

Obs: "ausência do autor do fato"- neste caso, como já salientado, o feito deverá ser remetido ao Juízo comum, eis que a citação e intimação, nos Juizados, seguem ritos especiais. A suspensão do processo, ante a revelia, será medida adotada por vara criminal comum (art. 66, parágrafo único, da Lei 9.099/95).

> § 1º. Para o oferecimento da denúncia, que será elaborada com base no termo de ocorrência referido no art. 69 desta Lei, com dispensa do inquérito policial, prescindir-se-á do exame de corpo de delito quando a materialidade do crime estiver aferida por boletim médico ou prova equivalente.

Tal parágrafo, ao prescindir do exame de corpo de delito para oferecimento de denúncia, acabou por gerar, quando da edição da Lei, severos problemas de operacionalidade. Nesta senda, deve-se perceber que os delitos classificados como materiais somente podem ser provados através do exame de corpo de delito, consoante art. 158, CPP, e, indo além, exame este a ser realizado por, no mínimo, dois peritos, consoante Súmula 361, STF. Desta forma, ante esta exceção positivada, tal exame poderá ser desnecessário para a acusação se formalizar mas, jamais, para que o Juiz sentencie. Em outras palavras, se o representante do Ministério Público oferecer denúncia com base em exame pericial outro que não o exame de corpo de delito, deverá, no curso do processo, providenciar que este segundo exame se realize, sob pena de não confeccionar a prova legítima para condenação.

Neste sentido, e indo mais além, Ada Pellegrini:

"Note-se bem que a dispensa da prova pericial comprobatória da materialidade delitiva é restrita ao momento do oferecimento da acusação. Não estão revogados os arts. 158 e 564, III, *b*, CPP., que prevêem a indispensabilidade do exame de corpo de delito, sob pena de nulidade do processo, nas infrações penais que deixam vestígios. Desse modo, embora possa o MP servir-se inicialmente do boletim médico ou prova equivalente, será necessária a realização do exame e a juntada do laudo aos autos, antes da sentença final".[44]

> § 2º. Se a complexidade ou circunstâncias do caso não permitirem a formulação da denúncia, o Ministério Público poderá requerer ao juiz o encaminhamento das peças existentes, na forma do parágrafo único do art. 66 desta Lei.

---

[44] GRINOVER, Ada Pellegrini et al. Op. cit., p. 155.

Tal parágrafo versa sobre a segunda hipótese de declinação de foro (a primeira, como visto, se dá no caso de um acusado que não é encontrado para citação), e ancora sua legitimidade junto à complexidade da causa. Nesta situação, para que não se ataque um direito fundamental do acusado, por força da aplicação dos princípios da informalidade etc., a lei ordena que o Ministério Público remeta o feito ao juízo comum. Quando, não obstante o requerimento da Defesa neste sentido, o Juiz não concordar com tal remessa, o caminho será a interposição de um *habeas corpus* dirigido à Turma Recursal. Caso tal remessa se realize, e o Juiz de Direito que receber os autos remetidos não concordar com a sustentação de complexidade da causa, deverá ser suscitado conflito negativo de competência a ser decidido pelo Tribunal de Justiça que, no uso de suas atribuições, fixará a competência para julgamento.

O § 3º, por sua vez, nos remete ao ora analisado, só que em relação à ação penal privada.

Questão interessante surge quando a complexidade da causa surge por força da audiência de instrução. Em tal momento, consoante art. 81 desta Lei, as partes, logo após o depoimento das testemunhas e interrogatório do Réu, deverão travar debates orais, e a sentença, quando possível, será prolatada na audiência, procedimento este em estrita obediência aos princípios da celeridade, informalidade e oralidade. No entanto, perante uma eventual complexidade surgida em tal momento, o Juiz deverá, seja a pedido das partes, seja de ofício, interromper a audiência logo após o interrogatório do Réu (que, neste procedimento, é o último ato de instrução) e abrir prazo para memoriais, em analogia ao art. 500, CPP, eis que esta é a única forma de se garantir a plena vigência dos princípios do contraditório e da ampla defesa.

**Art. 78.** Oferecida a denúncia ou queixa, será reduzida a termo, entregando-se cópia ao acusado, que com ela ficará citado e imediatamente cientificado da designação de dia e hora para a audiência de instrução e julgamento, da qual também tomarão ciência o Ministério Público, o ofendido, o responsável civil e seus advogados.

§ 1º. Se o acusado não estiver presente, será citado na forma dos arts. 66 e 68 desta Lei e cientificado da data da audiência de instrução e julgamento, devendo a ela trazer suas testemunhas ou apresentar requerimento para intimação, no mínimo 5 (cinco) dias antes de sua realização.

§ 2º. Não estando presentes o ofendido e o responsável civil, serão intimados nos termos do art. 67 desta Lei para comparecerem à audiência de instrução e julgamento.

§ 3º. As testemunhas arroladas serão intimadas na forma prevista no art. 67 desta Lei.

Esta é uma das formas de realização da citação do acusado, ou seja, após a audiência de conciliação, restando ela inexitosa, será entregue cópia da denúncia ou queixa ao acusado, que será tido por intimado. Por tal artigo, o oferecimento desta peça acusatória dar-se-ia na própria audiência de conciliação. Não é, entretanto, o que ocorre. Em verdade, e como já afirmado, a citação do acusado ocorre via oral, na audiência de conciliação; no início da audiência de instrução e julgamento é que a queixa ou denúncia é oferecida. A prática, neste caso, infelizmente, acaba por prejudicar o acusado.

§ 1º. Se o acusado não estiver presente, será citado na forma dos arts. 66 e 68 desta Lei e cientificado da data da audiência de instrução e julgamento, devendo a ela trazer suas testemunhas ou apresentar requerimento para intimação, no mínimo 5 (cinco) dias antes de sua realização.

A citação do acusado já foi objeto de análise ante o artigo 66 da Lei. No entanto, este parágrafo, ao mencionar a prova testemunhal sem, no entanto, estabelecer o número de testemunhas que a parte pode levar, acabou por trazer ao cenário jurídico grande discussão.

De uma banda existem autores e forte linha jurisprudencial que entendem ser permitido à parte arrolar, somente, três testemunhas. A defesa de tal idéia surge graças ao art. 34 da Lei 9.099, que, quando das disposições do juizado especial cível, estabelece, expressamente, tal quantidade. Sem dúvida, tais autores adotam o ideário de uma "teoria geral do processo", onde as regras cíveis podem se misturar e serem utilizadas em seara penal. Não é esta, no entanto, nossa posição.

Entendemos que o primeiro passo para uma boa compreensão do processo penal é, justamente, afastá-lo do processo civil. Decide-se, aqui, interesse absolutamente distinto, com personagens e conseqüências diversas a tal ponto que, a nosso ver, a união que uma teoria geral causa acaba sendo nefasta ao próprio caminho e evolução da ciência processual penal.

Por força de tal argumento, ou seja, em admitindo-se a separação ora proposta, torna-se claro que a Lei nº 9.099/95, no que tange ao Juizado Especial Criminal, não especificou a quantidade de testemunhas que podem ser arroladas pelas partes, sendo, pois, omissa em tal ponto. Da omissão, por sua vez, surge o art. 92 da própria Lei que, acertadamente, remete o operador jurídico ao CPP, utilizado, neste caso, como lei genérica e subsidiária. Isto posto, o número de testemunhas decorre, em acordo com tal diploma legal da qualidade da pena, seja ela de detenção ou reclusão.

Firmando tal entendimento, Karam:

"Não havendo menção ao número de testemunhas que as partes poderão arrolar, tem lugar a aplicação subsidiária das regras do Código de Processo Penal, como disposto no art. 92 da Lei 9.099/95. Assim, as partes poderão arrolar no máximo oito testemunhas, ou, na hipótese de estar sendo alegada prática de infração penal a que não estiver cominada pena de reclusão, cinco testemunhas".[45]

§ 2º. Não estando presentes o ofendido e o responsável civil, serão intimados nos termos do art. 67 desta Lei para comparecerem à audiência de instrução e julgamento.

A interpretação de tal parágrafo pode conduzir a certos equívocos, eis que versa sobre a ausência do ofendido na ação preliminar de conciliação.

Caso esteja a se versar sobre uma ação penal pública incondicionada, a ausência do ofendido não acarreta, efetivamente, prejuízo ao andamento do feito, eis que o Ministério Público, como legítimo detentor do *ius persequendi*, não precisa da vítima para, se for o caso, propor transação penal e/ou oferecer denúncia em desfavor do acusado.

Não obstante, caso esteja a se versar sobre uma ação penal pública condicionada à representação ou a uma ação penal privada, a situação é diametralmente oposta.

Na ação penal pública condicionada, como bem se sabe, o ofendido deve, primeiro, representar contra o pretenso agressor de seus Direitos para, assim, legitimar a atuação do Ministério Público no caso. Tem-se, pois, que a representação

---
[45] KARAM, Maria Lúcia. Op. cit., p. 244.

é verdadeira condição de procedibilidade desta modalidade de *actio*, modalidade esta sem a qual nada pode ocorrer. Pois bem: a representação pode, tradicionalmente, ser ofertada em esfera policial, dentro do prazo decadencial previsto junto ao art. 38, Código de Processo Penal (genericamente). Se assim ocorrer, resta satisfeita a condição necessária para que o Ministério Público cumpra sua função.

Ainda que tal entendimento seja o correto para crimes outros, deve-se atentar que, em sede de Juizado Especial Criminal, a composição civil, consoante parágrafo único do art. 74, significa *"renúncia"* ao direito de queixa ou representação. Indo além, o art. 75 deste diploma informa que, em não sendo obtida a referida composição, será dada ao ofendido a oportunidade de representar.

Tais artigos demonstram, em sua correta exegese, que a composição civil passa a ser encarada como um direito líquido e certo que detém o acusado ante o ofendido, direito este que deverá ser-lhe oportunizado antes da representação ter ocorrido.

Frise-se: se o parágrafo único do art. 74 fala sobre a *renúncia* da representação e, nesta linha, se a única distinção entre renúncia e desistência é que a primeira ocorre antes do exercício de um direito e, a segunda, após tal exercício, percebe-se que o ofendido, antes da composição civil, não pode ter representado, eis que, de forma diversa, não teríamos uma renúncia, e sim uma desistência da representação já oferecida.

Percebe-se, pois, que não existirá representação válida, por parte do ofendido, antes que, em audiência conciliatória, se estabeleça a tentativa de composição civil entre as partes.[46] Desta maneira, se o ofendido não comparece em audiência conciliatória, o processo não terá seguimento,

---

[46] A representação tradicionalmente feita em Delegacias de Polícia servem, nos casos de delitos de menor potencial ofensivo, para evitar a decadência mas, de forma alguma, como condição de procedibilidade ao Ministério Público. Em verdade, a serventia ora aduzida é fruto de uma *praxis*, eis que, se nem mesmo para evitar a decadência servisse, o andamento tradicionalmente vagaroso do Poder Judiciário faria com que o Termo Circunstanciado já chegasse aos juizados com o prazo decadencial vencido. Outra interpretação, também cabível, é a de que o prazo decadencial somente começa a correr quando da audiência conciliatória. Nesta senda, decadência é a perda de um direito que se tem e, por óbvio, não se perde aquilo que não existe. Desta forma, não existindo o direito de representar antes da composição civil, não há que se falar em perda-decadência.

devendo aguardar seu prazo decadencial para ser arquivado ou, quiçá, manifestação do ofendido desejando nova audiência conciliatória para que, em tal momento, ou componha os danos ou represente o agente Ministerial.

Isto posto, caso o ofendido não compareça na audiência conciliatória de uma ação penal pública condicionada, o parágrafo ora em comento perde seu sentido, eis que não irá existir audiência de instrução para a qual o ofendido deva ser intimado.

Idêntica situação temos ante a queixa-crime e a exegese dos artigos 74 e 75 desta Lei. Considerando que dita peça somente poderá ser oferecida após a tentativa de composição civil, tem-se que o comparecimento do ofendido na referida audiência torna-se obrigatório e, em não comparecendo, observa-se a aplicação subsidiária do art. 60, inc. I, Código de Processo Penal, ou seja, ocorre, aqui, perempção de seu direito de queixa.

**§ 3º.** As testemunhas arroladas serão intimadas na forma prevista no art. 67 desta Lei.

Estabelece-se, aqui, simples regra procedimental, autorizando que a intimação de testemunhas ocorra através de carta com A/R (aviso de recebimento), oficial de justiça, precatória ou qualquer meio idôneo de comunicação. Indo além, vale citar, aqui, o comentário de Ada Pelegrinni:

> "Diante da previsão do mencionado art. 67, é perfeitamente possível que os Juizados Especiais Criminais possam também expedir intimações a testemunhas residentes em outras comarcas, evitando-se a expedição de precatória. É evidente que, nessa hipótese, não será razoável exigir o comparecimento de pessoas residentes em comarcas distantes, mas, tratando-se de localidade próxima, nada obsta a providência".[47]

**Art. 79.** No dia e hora designados para a audiência de instrução e julgamento, se na fase preliminar não tiver havido possibilidade de tentativa de conciliação e de oferecimento de proposta pelo Ministério Público, proceder-se-á nos termos dos arts. 72, 73, 74 e 75 desta Lei.

---

[47] GRINOVER, Ada Pelegrini et al. Op. cit., p. 165.

Na audiência de instrução e julgamento, todos os atos da audiência preliminar serão repetidos. Mesmo que a conciliação civil tenha sido inicialmente recusada, deve ser renovada a tentativa de acordo. Do mesmo modo, em relação à proposta de transação penal, que também deve ser reiterada pelo titular da ação penal. Sustentamos que o agente do Ministério Público que estiver na audiência de instrução e julgamento não está vinculado à proposta antes feita na audiência preliminar, podendo alterá-la, no todo ou em parte, em razão do princípio institucional da independência funcional.

Indo além, vale destacar que, nesta audiência de instrução, em ações penais públicas condicionadas, a vítima já representou e, com base neste ato, o MP já ofereceu denúncia, passos estes que levam o leitor ao art. 102, CP, que versa sobre a irretratabilidade da representação.

Para Ada Pellegrini, posição com a qual o autor Daniel Gerber concorda,

"Cabe indagar sobre as conseqüências de eventual transação civil ocorrida nesta fase, quando o MP não tiver feito a referida 'proposta', por ausência dos pressupostos legais, ou a mesma não tiver sido aceita pelo autor do fato, resultando disso o oferecimento da denúncia. Ocorrendo referida transação civil, nos crimes em que se exige a representação, haverá igualmente renúncia a esse direito, mesmo com a ação penal já proposta?

Diante do texto examinado, e especialmente em face do novo paradigma introduzido pela Lei 9.099/95, parece-nos que em tal situação também haverá uma exceção ao princípio do art. 25 do CPP e, consequentemente, a transação civil, implicando renúncia ao direito de representação (art. 74, parágrafo único), acarretará a extinção de punibilidade".[48]

Para o autor Marcelo Lemos Dornelles, no entanto, tal posição encontra-se equivocada. Nesta senda, considerando que o Ministério Público já ofereceu denúncia (ainda que não tenha sido recebida), não há como se ignorar o ato jurídico perfeito, nem mesmo em caráter de exceção, eis que, em assim agindo, o Ministério Público estaria, durante toda a

---

[48] GRINOVER, Ada Pellegrini et al. Op. cit., p. 162.

ação penal, na dependência da vontade da vítima. Desta forma, podem-se repetir os atos de conciliação sem, contudo, fornecer-lhes o efeito de extinção de punibilidade.

**Art. 80.** Nenhum ato será adiado, determinando o juiz, quando imprescindível, a condução coercitiva de quem deva comparecer.

Não-adiamento de atos e, se necessário, condução coercitiva. Claro que tal princípio cede ante a força maior, eis que a condução coercitiva e o não-adiamento referem-se ao não-comparecimento injustificado das partes.

Quanto ao não-comparecimento do acusado: ante seu direito ao silêncio e, inclusive, direito à revelia, ele só será coercivamente conduzido se sua presença for essencial ao feito (reconhecimento, por exemplo); se o não-comparecimento for de seu defensor, irá ser nomeado um defensor dativo, que realizará a audiência.

Se o não-comparecimento for do querelante, no entanto, vale repassar a advertência já realizada outrora, qual seja a de estarmos diante do instituto da perempção, consoante art. 60, inc. I, Código de Processo Penal, situação esta que traz como conseqüência a declaração de extinção de punibilidade do acusado.

A ausência do representante do Ministério Público, por sua vez, não impede que o ato se realize, eis que a instrução e o julgamento do processo podem se realizar sem a presença do órgão acusador. Depois de oferecida a denúncia, sendo a ação penal pública indisponível, deverá correr até o final, prescindindo da presença do órgão ministerial. O prejuízo inestimável será suportado pela acusação. Nesta situação, de ausência injustificada do titular da ação penal à audiência, o representante faltoso irá responder, administrativamente, por sua atitude.

**Art. 81.** Aberta a audiência, será dada a palavra ao defensor para responder à acusação, após o que o juiz receberá, ou não, a denúncia ou queixa; havendo recebimento, serão ouvidas a vítima e as testemunhas de acusação e defesa, interrogando-se a seguir o acusado, se presente, passando-se imediatamente aos debates orais e à prolação da sentença.

§ 1º. Todas as provas serão produzidas na audiência de instrução e julgamento, podendo o juiz limitar ou excluir as que considerar excessivas, impertinentes ou protelatórias.

§ 2º. De todo o ocorrido na audiência será lavrado termo, assinado pelo juiz e pelas partes, contendo breve resumo dos fatos relevantes ocorridos em audiência e a sentença.

§ 3º. A sentença, dispensado o relatório, mencionará os elementos de convicção do juiz.

Tal artigo traz consigo inovações que, em nosso entendimento, já deveriam fazer parte dos próprios ritos ordinário, sumário e especiais, eis que realizados em absoluto acordo com os princípios de pleno contraditório e defesa.

Para Karam, a existência de uma defesa prévia antes do recebimento da peça acusatorial *segue saudável tendência que assegura, de forma mais efetiva, a ampla defesa e contribui para evitar que prosperem acusações infundadas ou temerárias. Com a manifestação do réu, apontando eventuais elementos inviabilizadores da acusação no plano meramente processual e, desde logo, contestando a matéria de mérito, a decisão do juiz, certamente, se produz de forma mais amadurecida e atenta, exigindo-lhe melhor fundamentação.*[49]

Concordamos, por óbvio, com o que cita a autora no que tange ao plano hipotético, ou seja, pelo menos do ponto de vista legal, restará, ao acusado, uma maior chance de evitar um processo infundado contra si. No entanto, estas nossas melhores expectativas acabam por esbarrar naquilo que Zaffaroni denomina "burocratização do sistema". Em outras palavras, a prática diária dos Juizados, com uma média de 30 audiências diárias se realizando em audiências separadas pelo lapso de 10 (dez) minutos (!), faz com que o Juiz nem mesmo preste atenção no que fala a defesa, recebendo a denúncia ou queixa através de um despacho simples, sem fundamentação de qualquer quilate, ou com uma corriqueira fundamentação genérica, e instaurando, desde logo, o início da instrução processual.

Realizada a crítica, neste momento devem ser argüidos todos os apontes que poderiam levar a denúncia a ser rejeitada (vide art. 43 do CPP), além de causas excludentes de antijuridicidade (se evidentes), inexistência de materialidade, justa causa etc., ou não recebida (art. 41, CPP). É, também, o momento de juntar-se documentos, eis que a juntada após

---
[49] KARAM, Maria Lúcia. Op. cit., p. 232.

a inquirição da vítima ou de qualquer testemunha acaba por criar prejuízo ao contraditório por parte do Ministério Público.

Melhor sorte resulta junto ao interrogatório como sendo o último ato de instrução processual. Desde há tempos, e graças a conversas mantidas com Adauto Suannes por vias eletrônicas (e-mail), defendíamos a tese de que o interrogatório, em sendo parte da ampla defesa através daquilo que a doutrina tradicional denomina "defesa pessoal", deveria, em todo e qualquer rito, se realizar, apenas, quando finda a inquirição de testemunhas. Neste caso, o réu, já ciente da totalidade dos argumentos e provas que existem contra si, teria a oportunidade de, querendo, versar sobre cada um destes pontos. Tourinho Filho, confirmando o entendimento ora esposado, salienta que *essa posição topográfica do interrogatório realça mais ainda o seu caráter de peça de defesa. Falando ele por último, terá a oportunidade de contrariar tudo quanto afirmaram a vítima e as testemunhas da acusação.*[50]

A Lei nº 10.792, de 1º de dezembro de 2003, ao modificar o ato de interrogatório junto ao Código de Processo Penal, perdeu, infelizmente, a oportunidade de seguir o exemplo fornecido pelos Juizados Especiais Criminais.

Após o interrogatório, a lei prevê a realização de debates orais e sentença. Esta é a regra. No entanto, deve-se atentar às causas que, durante a instrução, acabam por adquirir determinada complexidade não vislumbrada quando do recebimento da denúncia. Em tais situações, deve ser entendida como cabível, até mesmo como maneira de se preservar a ampla defesa, a substituição dos debates orais por alegações finais, nos moldes do art. 500, Código de Processo Penal, hipótese esta permitida não apenas pela exegese do art. 92 da Lei nº 9.099/95 mas, também, pelo seu artigo 77, § 2º, deste diploma.

§ 1º. Todas as provas serão produzidas na audiência de instrução e julgamento, podendo o juiz limitar ou excluir as que considerar excessivas, impertinentes ou protelatórias.

Tal regra apenas reforça o caráter de simplicidade probatória que as causas a serem tratadas no Juizado devem ter,

---

[50] TOURINHO FILHO, Fernando da Costa. Op. cit., p. 119.

eis que as causas complexas, ainda que de menor potencial ofensivo, devem ser remetidas, na forma do art. 77, § 2º, ao juízo comum. No entanto, e por óbvio, este artigo não exclui do juizado a prova pré-constituída, a prova documental etc., provas estas que serão analisadas perante o juizado, na audiência de instrução.

Indo além, valem as palavras de Tourinho Filho, que, acertadamente, ensina que *a regra de que todas as provas serão produzidas na audiência não apresenta rigor absoluto: uma testemunha, por exemplo, pode ser ouvida por precatória, como um documento poderá ser juntado aos autos em qualquer fase procedimental, na dicção do art. 231 do CPP. Nada impede que a Acusação ou a Defesa requeiram, nos debates, a inquirição de alguma testemunha referida, ou outra diligência, conforme o caso.*[51]

Quanto à admissão e à exclusão de provas pelo Magistrado, a Lei refere-se, claro, às provas eminentemente protelatórias e impertinentes, eis que o direito à produção de provas é garantia constitucional. Voltando-se ao entendimento de Tourinho Filho, *ao que parece, é muito difícil para o Juiz, antes da colheita da prova, qualificá-la como protelatória ou não, excessiva ou não. Daí por que se aconselha, para que se evitem funestas conseqüências, faça o Juiz o mínimo possível de incursão na área de limitar ou excluir prova, salvo a hipótese de seu manifesto caráter de superfluidade.*[52]

> § 2º. De todo o ocorrido na audiência será lavrado termo, assinado pelo juiz e pelas partes, contendo breve resumo dos fatos relevantes ocorridos em audiência e a sentença.

Este parágrafo entra em consonância com art. 65, § 3º, da Lei, ou seja, apenas os atos essenciais e relevantes é que serão transcritos em ata de audiência. No entanto, e reafirmando observação passada, as partes deverão requerer que sejam transcritos em ata os atos e os fatos que achar relevante, principalmente como forma de garantir eventual recurso.

---

[51] TOURINHO FILHO, Fernando da Costa. Op. cit., p. 120.
[52] Idem, p. 120-121.

§ 3º. A sentença, dispensado o relatório, mencionará os elementos de convicção do juiz.

Tal parágrafo, em acordo com o princípio da informalidade, dispensa o relatório em sentença, restando como obrigatória, somente, a parte dispositiva. Consoante Nereu Giacomolli, *os elementos de convicção do(s) julgador(es) deverão emergir claros, completos e precisos da decisão. É uma das garantias fundamentais do acusado. Mesmo quando a sentença "a quo" for mantida por seus próprios fundamentos, se faz mister a elaboração de uma súmula do julgamento, na qual, evidentemente, deverão constar os motivos da confirmação (art. 82, § 5º, da Lei 9.099/95).*[53]

Esta sentença, ante o princípio implícito da identidade física do Juiz, deverá, sempre que a audiência transcorrer em acordo com o art. 81 desta Lei, ou seja, sempre que houver debates orais com transcrição, somente, de poucos atos em ata, ser prolatada na própria audiência. Todavia, não é o que se vê na prática, restando, aqui, a crítica, eis que prejudicada a defesa, o contraditório e a própria celeridade exigida pelo procedimento.

**Art. 82.** Da decisão de rejeição da denúncia ou queixa e da sentença caberá apelação, que poderá ser julgada por uma turma composta de três juízes em exercício no primeiro grau de jurisdição, reunidos na sede do Juizado.

§ 1º. A apelação será interposta no prazo de 10 (dez) dias, contados da ciência da sentença pelo Ministério Público, pelo réu e seu defensor, por petição escrita, da qual constarão as razões e o pedido do recorrente.

§ 2º. O recorrido será intimado para oferecer resposta escrita no prazo de 10 (dez) dias.

§ 3º. As partes poderão requerer a transcrição da gravação da fita magnética a que alude o § 3º do art. 65 desta Lei.

§ 4º. As partes serão intimadas da data da sessão e julgamento pela imprensa.

§ 5º. Se a sentença for confirmada pelos próprios fundamentos, a súmula do julgamento servirá de acórdão.

Da rejeição da denúncia ou queixa caberá apelação. Cumpre a distinção entre rejeição e não-recebimento. Este segundo refere-se a aspectos meramente formais; o primeiro, por sua vez, refere-se aos aspectos legitimadores da causa,

---

[53] GIACOMOLLI, Nereu. Op. cit., p. 155.

como atipicidade do ato, ilegitimidade da parte etc. Desta forma, a decisão que rejeita uma denúncia ou queixa é decisão terminativa, merecendo apelação, diferentemente do que ocorre no art. 581, I, do CPP, onde o remédio adequado é o Recurso em Sentido Estrito. No Juizado Especial, independentemente da decisão, o remédio sempre será apelação, eis que inexiste RSE.

> § 1º. A apelação será interposta no prazo de 10 (dez) dias, contados da ciência da sentença pelo Ministério Público, pelo réu e seu defensor, por petição escrita, da qual constarão as razões e o pedido do recorrente.
>
> § 2º. O recorrido será intimado para oferecer resposta escrita no prazo de 10 (dez) dias.

O recurso de apelo nos Juizados, ao contrário do que ocorre no Código de Processo Penal, será interposto já com as razões em anexo e, por isso, não se admite a interposição oral mas, tão-somente, a escrita. Tal forma procedimental elimina a possibilidade existente no CPP de se apelar ante a primeira instância e se arrazoar somente perante a instância *ad quem*. Aqui, nos Juizados, uma apelação sem o devido arrazoamento deverá ser remetida à Defensoria Pública para, somente após a satisfação de tal quesito, ser aberto o prazo de contra-razões a serem oferecidas, também, em dez dias e, finalmente, encaminhada à Turma Recursal.

Quanto ao prazo, Tourinho Filho: *Em face do art. 798, § 1º, do CPP, "dies a quo non computatur" (não se computa o dia do início). Assim, se a ciência pelo Ministério Público ocorreu numa segunda-feira, o prazo será contado a partir de terça. Se o início se der numa sexta-feira, inteira aplicação terá a Súmula 310 do STF, no sentido de que o prazo começa a correr a partir do primeiro dia útil imediato. Se o prazo findar num domingo ou feriado (ou num sábado em que não houver atividade forense), prorroga-se até o primeiro dia útil imediato (art. 798, § 3º)*.[54]

> **Art. 83**. Caberão embargos de declaração quando, em sentença ou acórdão, houver obscuridade, contradição, omissão ou dúvida.
>
> § 1º. Os embargos de declaração serão opostos por escrito ou oralmente, no prazo de 5 (cinco) dias contados da ciência da decisão.

---

[54] TOURINHO FILHO, Fernando da Costa. Op. cit., p. 130.

§ 2º. Quando opostos contra sentença, os embargos de declaração suspenderão o prazo para o recurso.

§ 3º. Os erros materiais podem ser corrigidos de ofício.

O cabimento dos embargos declaratórios, consoante melhor doutrina e jurisprudência, já não são adstritos à sentença ou acórdão. Pelo contrário, como a obrigação da autoridade judiciária é motivar adequadamente qualquer decisão adotada, os embargos estão sendo aceitos, acertadamente, em relação a qualquer espécie de despacho, seja ele interlocutório simples, misto ou sentença.

§ 1º. Os embargos de declaração serão opostos por escrito ou oralmente, no prazo de 5 (cinco) dias contados da ciência da decisão.

O prazo estabelecido pela Lei nº 9.099/95 para a interposição de tais embargos é maior do que aquele previsto junto ao Código de Processo Penal em seus arts. 382 e 619 (dois dias).

§ 2º. Quando opostos contra sentença, os embargos de declaração suspenderão o prazo para o recurso.

Este parágrafo, em sua literalidade, excepciona a regra do CPP vinculada, por sua vez, ao art. 538 do CPC. Desta forma, em sede de juizado, o prazo não se interrompe, restando, apenas, suspenso, o que gera, como conseqüência, a continuidade de contagem do prazo para a apelação, a partir de onde o mesmo havia parado (na interrupção, como se sabe, o prazo voltaria a ser contado desde seu início).

### Seção IV
### DA EXECUÇÃO

**art. 84.** Aplicada exclusivamente pena de multa, seu cumprimento far-se-á mediante pagamento na Secretaria do Juizado.

Parágrafo único. Efetuado o pagamento, o juiz declarará extinta a punibilidade, determinando que a condenação não fique constando dos registros criminais, exceto para fins de requisição judicial.

Tal artigo versa, apenas, sobre o pagamento da multa, tanto oriunda da transação penal quanto da sentença condenatória. Em ambos os casos, tal pagamento deverá ocorrer na secretaria do cartório.

Indo além, se a pena imposta for apenas a de multa, ao restar devidamente quitada, não constará de registros criminais, eis que restará declarada extinta a punibilidade do Réu.

**Art. 85.** Não efetuado o pagamento de multa, será feita a conversão em pena privativa da liberdade, ou restritiva de direitos, nos termos previstos em lei.

A regressão imposta por tal artigo não mais se faz plausível, eis que a multa, art. 51 do CP, virou dívida de valor, sendo regulada por normas tributárias, e não penais.

Esta tem sido a posição manifestada pelo STJ:[55]

"CRIMINAL. JUIZADO ESPECIAL CRIMINAL. TRANSAÇÃO. PENA ALTERNATIVA. DESCUMPRIMENTO. CONVERSÃO EM PENA RESTRITIVA DE LIBERDADE. LEGITIMIDADE.
1. A transação penal prevista no art. 76, da Lei n° 9.099/95, distingue-se da suspensão do processo (art. 89), porquanto, na primeira hipótese faz-se mister a efetiva concordância quanto à pena alternativa a ser fixada e, na segunda, há apenas uma proposta do *Parquet* no sentido de o acusado submeter-se não a uma pena, mas ao cumprimento de algumas condições. Deste modo, a sentença homologatória da transação tem, também, caráter condenatório impróprio (não gera reincidência, nem pesa como maus antecedentes, no caso de outra superveniente infração), abrindo ensejo a um processo autônomo de execução, que pode – legitimamente – desaguar na conversão em pena restritiva de liberdade, sem maltrato ao princípio do devido processo legal. É que o acusado, ao transacionar, renuncia a alguns direitos perfeitamente disponíveis, pois, de forma livre e consciente, aceitou a proposta e, *ipso facto*, a culpa.
2. Recurso de *Habeas Corpus* improvido."

A decisão abaixo nos deixa claro que existe a possibilidade da conversão da pena restritiva de direitos em privativa de liberdade, vejamos:[56]

"PENAL. TRANSAÇÃO. LEI N° 9.099/95, ART. 76. IMPOSIÇÃO DE PENA RESTRITIVA DE DIREITOS. DESCUMPRI-

---

[55] STJ – Sexta Turma, Rel. Min. Fernando Gonçalves, RHC 8.198-98, Recurso de "Habeas Corpus", DJ: 01/07/1999, p. 211.
[56] STJ – Sexta Turma, Rel. Min. Fernando Gonçalves, H.C. n° 14.666, DJ: 02/04/2001, p. 341.

MENTO. CONVERSÃO EM PRIVATIVA DE LIBERDADE. POSSIBILIDADE.

1 – Não fere o devido processo legal a conversão de pena restritiva de direitos, imposta no bojo de transação penal (art. 76, da Lei nº 9.099/95), por privativa de liberdade. Precedente desta Corte.
2 – Ordem denegada."

O STF adotou entendimento diverso, asseverando que, se houver o descumprimento da pena alternativa, o Ministério Público pode, se for o caso, oferecer a denúncia. Discordamos desse entendimento, pois não se pode ignorar o pronunciamento anterior fazendo com que a transação penal não tenha existido juridicamente. Retomaremos esse tema no último capítulo, como uma das questões controvertidas.

Vejamos a posição do Ministro-Relator Dr. Marco Aurélio de Mello, do Supremo Tribunal Federal:[57]

"*HABEAS CORPUS* – LEGITIMIDADE – MINISTÉRIO PÚBLICO. A legitimidade para a impetração do *habeas corpus* é abrangente, estando habilitado qualquer cidadão. Legitimidade de integrante do Ministério Público, presentes o múnus do qual investido, a busca da prevalência da ordem jurídico-constitucional e, ao fim, da verdade. TRANSAÇÃO – JUIZADOS ESPECIAIS – PENA RESTRITIVA DE DIREITOS – CONVERSÃO – PENA PRIVATIVA DO EXERCÍCIO DA LIBERDADE – DESCABIMENTO. A transformação automática da pena restritiva de direitos, decorrente de transação, em privativa do exercício da liberdade discrepa da garantia constitucional do devido processo legal. Impõe-se, uma vez descumprido o termo de transação, a declaração de insubsistência deste último, retornando-se ao estado anterior, dando-se oportunidade ao Ministério Público de vir a requerer a instauração de inquérito ou propor a ação penal, ofertando denúncia."

**Art. 86.** A execução das penas privativas de liberdade e restritivas de direitos, ou de multa cumulada com estas, será processada perante o órgão competente, nos termos da lei.

---

[57] STF – Segunda Turma, Rel. Min. Marco Aurélio de Mello, H.C. nº 79.572, DJ: 22/02/02.

As penas restritivas de direitos e privativas de liberdade serão cumpridas em acordo com a Lei de Execuções Penais. Não concordamos, porém, com tal posição, eis que as penas restritivas de direito, frente à Lei 9.099/95, são absolutamente autônomas, ao invés de substitutivas, como no Código Penal. Desta forma, quando aplicadas, não poderiam retroceder para uma pena que, a princípio, "não existe". Neste sentido, Nereu Giacomolli explicita a mesma posição, afirmando que *o descumprimento da medida alternativa, seja a multa ou a restritiva de direitos, não poderá ser convertido em pena privativa de liberdade. A única hipótese possível, na atual situação legal, é a execução, eis que o processo cognitivo foi encerrado da coisa julgada que se operou.*[58]

### Seção V
### DAS DESPESAS PROCESSUAIS

**Art. 87.** Nos casos de homologação do acordo civil e aplicação de pena restritiva de direitos ou multa (arts. 74 e 76, § 4º), as despesas processuais serão reduzidas, conforme dispuser lei estadual.

A redução das despesas processuais prevista neste artigo ainda não foi objeto de Lei Estadual. Indo além, vale perguntar: quem arca com as custas se, em tais casos, ninguém está a assumir responsabilidade sobre o fato? Na prática, tais custas são encampadas pelo Estado que, sem dúvida, é o maior interessado na realização de tais acordos.

### Seção VI
### DISPOSIÇÕES FINAIS

**Art. 88.** Além das hipóteses do Código Penal e da legislação especial, dependerá de representação a ação penal relativa aos crimes de lesões corporais leves e lesões culposas.

Importantíssima via despenalizadora trazida pela Lei nº 9.099/95, as lesões corporais dolosas de natureza leve e as lesões culposas necessitam de representação para gerarem processo-crime. Cumpre lembrar também que, mesmo havendo representação, até a data de oferecimento da denúncia, o ofendido poderá retratar-se, conforme art. 102 do CP e, em acordo com entendimento já defendido em comentários ao

---

[58] GIACOMOLLI, Nereu. Op. cit., p. 173.

art. 79 desta Lei, tal retratação, excepcionalmente, poderá ocorrer mesmo após o oferecimento da peça acusatória.

**Art. 89.** Nos crimes em que a pena mínima cominada for igual ou inferior a um ano, abrangidas ou não por esta Lei, o Ministério Público, ao oferecer a denúncia, poderá propor a suspensão condicional do processo, por dois a quatro anos, desde que o acusado não esteja sendo processado ou não tenha sido condenado por outro crime, presentes os demais requisitos que autorizariam a suspensão condicional da pena (art. 77 do Código Penal).

§ 1º. Aceita a proposta pelo acusado e seu defensor, na presença do Juiz, este, recebendo a denúncia, poderá suspender o processo, submetendo o acusado a período de prova, sob as seguintes condições:

I – reparação do dano, salvo impossibilidade de fazê-lo;

II – proibição de freqüentar determinados lugares;

III – proibição de ausentar-se da Comarca onde reside, sem autorização do Juiz;

IV – comparecimento pessoal e obrigatório a juízo, mensalmente, para informar e justificar suas atividades.

§ 2º. O Juiz poderá especificar outras condições a que fica subordinada a suspensão, desde que adequadas ao fato e à situação pessoal do acusado.

§ 3º. A suspensão será revogada se, no curso do prazo, o beneficiário vier a ser processado por outro crime ou não efetuar, sem motivo justificado, a reparação do dano.

§ 4º. A suspensão poderá ser revogada se o acusado vier a ser processado, no curso do prazo, por contravenção, ou descumprir qualquer outra condição imposta.

§ 5º. Expirado o prazo sem revogação, o Juiz declarará extinta a punibilidade.

§ 6º. Não correrá a prescrição durante o prazo de suspensão do processo.

§ 7º. Se o acusado não aceitar a proposta prevista neste artigo, o processo prosseguirá em seus ulteriores termos.

A suspensão condicional do processo, também conhecida como "*sursis* processual", foi um dos novos institutos despenalizadores criados pela Lei nº 9.099/95. Trata-se de uma alternativa à jurisdição penal, sem que haja exclusão do caráter ilícito do fato, em que o legislador procurou evitar a aplicação da pena ao infrator.

O presente instituto não se confunde com a suspensão condicional da pena, pois naquela há processo com sentença condenatória, ficando apenas a execução da pena privativa de liberdade suspensa por um período. Neste novo sistema, é o processo que fica suspenso desde o início; logo, sem que exista a produção das provas para a formação da culpa, não há sentença condenatória.

A suspensão condicional do processo mitigou o princípio da indisponibilidade da ação penal pública. Nos moldes tradicionais, não poderia o Ministério Público dispor da ação, não podendo dela desistir, transigir ou acordar. Com o artigo 89 da Lei nº 9.099/95 houve uma radical alteração nesse princípio, já que agora o processo fica suspenso desde o início. É a adoção do princípio da discricionariedade regrada ou vinculada, estando sempre sujeita ao controle judicial.

A natureza jurídica deste instituto resultou em divergências doutrinárias e jurisprudenciais, já que alguns sustentam a posição de que se trata de um ato discricionário do Ministério Público, e outros advogam a tese de que é um direito subjetivo público do réu.

É evidente, como deixamos claro desde a introdução, que os posicionamentos sobre o tema decorrem da visão que se tem do direito penal. Os agentes do Ministério Público, com os quais concorda o autor Marcelo Lemos Dornelles, posicionam-se no primeiro sentido, de que há um poder-dever discricionário do acusador, sendo esta discricionariedade vinculada e limitada pela Lei, em que o órgão do Ministério Público pode avaliar a conveniência do prosseguimento da persecução penal, por razões de política criminal, pois ocorrem situações em que o delito praticado se insere naqueles em que há maior reprovabilidade social ou se denotam maior demonstração de periculosidade por parte do agente.

É que a previsão do benefício legal pela análise da pena em abstrato é muito genérica, abarcando centenas de possibilidades, que podem resultar em desigualdades e em clara manifestação de impunidade. Alguns casos nos preocupam em especial, como no caso das lesões corporais de natureza grave, que possuem pena mínima cominada igual a (01) um ano de reclusão. Ex. Alguém desfere golpes de faca em outrem, sem intento homicida, que lhe provocam lesões corporais que resultam em perigo de vida (art. 129, § 1º, II, CP); ou, intencionalmente, uma pessoa fura o olho de outra, que resulta em debilidade permanente do sentido visão (art. 129, § 1º, III, CP); ou em casos de crimes contra a vida, como a de provocação de aborto por terceiro, estando o feto com 38 semanas de gestação (art. 126, CP); ou nos casos de homicídio culposo, com culpa grave (art. 121, § 3º, CP).

É inimaginável aceitar que em situações como essas o agente infrator sequer seja processado pela sua conduta criminosa. Não se pode deixar de perceber aquilo que a sociedade espera da Justiça, não podendo o direito se distanciar arbitrariamente de sua finalidade de controle social.

Nesses casos, deve haver a justificativa expressa dessa manifestação, com a devida motivação do ato, que se sujeita ao controle do artigo 28 do Código de Processo Penal, ou seja, caso o Juiz não concorde com as razões da não-proposição da suspensão do processo, deve remeter os autos ao Procurador-Geral de Justiça, que fará vingar a posição definitiva da instituição sobre o caso. Assim, em nenhuma hipótese, pode o Magistrado fazer a proposição, pois é ato privativo do Ministério Público.

Nesse sentido, a recente Súmula nº 696 do Supremo Tribunal Federal:

"Reunidos os pressupostos legais permissivos da suspensão condicional do processo, mas se recusando o Promotor de Justiça a propô-la, o Juiz, dissentindo, remeterá a questão ao Procurador-Geral, aplicando-se por analogia o artigo 28 do Código de Processo Penal".

Por outro lado, há aqueles que sustentam, com a adesão do autor Daniel Gerber, que a proposta de suspensão condicional do processo é um direito subjetivo público do acusado, justificando que esse benefício não foi pensado exclusivamente para o acusado, senão também para a vítima e para a sociedade, sendo, portanto, um instrumento de interesse público geral. É que a pena privativa de liberdade agora é enfocada como a *ultima ratio*, em termos de reação estatal, e o *ius libertatis* é direito fundamental do indivíduo.

Dessa forma, diante de delito cuja pena mínima não exceda a um ano, estando preenchidos os requisitos legais da suspensão condicional do processo, deve obrigatoriamente o Ministério Público fazer a referida proposta. Cuida-se de atuação vinculada, e não de poder discricionário absoluto.

Consoante sustenta Luiz Flávio Gomes:

"O que caracteriza o Estado Democrático de Direito, onde as regras que norteiam as relações entre o cidadão e o Estado (principalmente no que concernem ao *ius libertatis*) devem ser as mais padronizadas possíveis e previamente anunciadas. As *rules of the game* representam garantias inalienáveis que procuram evitar o inesperado, o inusitado, o imprevisível. O poder de fazer a proposta de suspensão, em síntese, quando presentes os requisitos legais, transforma-se em dever".[59]

O Juizado Especial Criminal só pode aplicar a suspensão condicional do processo nas ações penais de sua competência, isto é, nas contravenções e nos delitos a que a norma incriminadora comine pena mínima igual ou inferior a um ano e pena máxima igual ou inferior a dois anos. Para as demais infrações, a competência é do Juízo Comum.

Não há qualquer limitação à aplicação da suspensão condicional do processo aos crimes de competência das Justiças Federal, Eleitoral e Militar. Igualmente, conforme sustentamos no último capítulo, deve o instituto da suspensão condicional do processo ser aplicado às ações penais de iniciativa privada, por interpretação analógica extensiva do artigo 89, já que é mais benéfica aos acusados e não se poderia, contrariamente, dar um tratamento mais gravoso aos crimes de interesse privado e que tutelam bens jurídicos disponíveis, do que aos crimes que interessam à sociedade, e os bens jurídicos são indisponíveis.

São requisitos da suspensão condicional do processo:

a) Pena mínima igual ou inferior a um ano: A lei fixou uma pena mínima em abstrato para aqueles crimes que entendeu serem os de médio potencial ofensivo, que poderiam receber tratamento menos gravoso, com a disposição do processo criminal. A constatação é de que os delitos abrangidos pela suspensão do processo são aqueles em que, caso houvesse uma sentença condenatória, como regra, seriam passíveis de suspensão condicional da pena. Assim, houve uma antecipação do *sursis* penal, mas com mais benefícios para o acusado, em especial o de não sofrer uma condenação criminal.

Após diversas discussões jurídicas, tanto na doutrina quanto na jurisprudência, os Tribunais Superiores pacificaram a matéria relativa à aplicação dos aumentos de pena previstos em casos de concurso de crimes, firmando posição no sentido de que as exasperações das circunstâncias majo-

---

[59] GOMES, Luiz Flávio. *Novas Reflexões sobre a Natureza Jurídica da Suspensão Condicional do Processo*. Revista Ajuris. n° 67. Porto Alegre, 1996, p. 229.

rantes devem ser consideradas para o cômputo da pena mínima de 01 ano para possibilitar o recebimento do benefício da suspensão condicional do processo.

Assim, o Supremo Tribunal Federal sumulou a matéria, editando a Súmula nº 723, nos seguintes termos:

"Não se admite a suspensão condicional do processo por crime continuado, se a soma mínima da infração mais grave com o aumento mínimo de 1/6 for superior a um ano."

Da mesma forma, o Superior Tribunal de Justiça editou a Súmula nº 243, conforme segue:

"O benefício da suspensão condicional do processo não é aplicável em relação às infrações penais cometidas em concurso material, concurso formal ou continuidade delitiva, quando a pena mínima cominada, seja pelo somatório, seja pela incidência da majorante, ultrapassar o limite de 01 ano."

Por outro lado, também as causas especiais de diminuição de pena, denominadas de minorantes, devem ser consideradas para o alcance do benefício. Assim, por exemplo, nos casos de crimes tentados, deve-se observar a diminuição mínima de 1/3 da pena, prevista no artigo 14, inciso II, do Código Penal, para ver se o crime se adapta ao tempo mínimo exigido de 1 ano para receber o benefício da suspensão do processo. Eventuais privilegiadoras específicas previstas em alguns tipos penais da parte especial do Código Penal também devem ser observadas.

a) Prazo de dois a quatro anos. A Lei fixou um limite mínimo e um máximo para o período de prova da suspensão condicional do processo. É o tempo razoável para se avaliar a conduta do acusado após estar sendo processado, já que a sua vida pregressa já foi objeto de análise no momento da proposta de suspensão do processo.

O prazo da suspensão do processo é proposto pelo Ministério Público, porém é fixado pelo Juiz, tendo em vista a natureza do crime e a personalidade do denunciado. Além disso, também deve ser considerada a pena prevista em abstrato para o crime, pois alguns delitos possuem a mesma pena mínima, mas possuem pena máxima em abstrato fixadas de forma diferente. Por exemplo: o crime de furto simples é apenado com reclusão de 01 a 04 anos e multa, enquanto o delito de estelionato possui apenamento mínimo de 1 e máximo de 5 anos de reclusão, e multa. Essas variações da pretensão punitiva devem ser observadas.

Como regra, o prazo deve ser fixado no mínimo legal, ou em torno desse mínimo. Entretanto, é possível ser fixado prazo mais alongado sendo necessário que haja fundamentação para essa exasperação. Não há qualquer impedimento de o prazo ser fixado no máximo previsto, ou seja, em 04 anos. Contudo, isso deve ser reservado para situações excepcionais.

b) não esteja sendo processado ou condenado por outro crime. É condição da suspensão do processo que o denunciado não esteja sendo processado por outro crime e que também não tenha recebido condenação criminal. O legislador não faz distinção quanto à natureza do crime. Assim, pode ser doloso ou culposo.

Dessa forma, é inadmissível que o denunciado receba o benefício da suspensão condicional do processo em mais de um processo simultaneamente, já que a existência de um processo exclui a medida quanto ao outro. Outrossim, extinta a punibilidade pelo cumprimento das condições impostas, é possível posteriormente receber novamente o benefício.

Não é possível a concessão do benefício da suspensão condicional do processo ao reincidente em crime doloso ou culposo. Apenas em caso de condenação anterior à pena de multa é que pode ser proposta a suspensão. Deve ser observado o prazo de cinco anos previsto no artigo 64, inciso I, do Código Penal. É que esse instituto despenalizador foi idealizado para o criminoso primário e sem antecedentes criminais, que não apresenta periculosidade, não podendo ser vulgarizado.

c) Presentes requisitos do *sursis* (art. 77 CP). São os requisitos subjetivos para a concessão do benefício. Além dos requisitos objetivos, que são a pena mínima do crime igual ou inferior a um ano, não estar sendo processado por outro crime e não ser reincidente, há necessidade de o denunciado preencher os requisitos subjetivos, que são os mesmos fixados para a concessão da suspensão condicional da pena, que por sua vez foram buscados nas circunstâncias judiciais para a aplicação da pena-base, previstos no artigo 59 do Código Penal.

Assim, deve ser feita uma ligeira análise de culpabilidade, conduta social, personalidade, motivos do crime etc., para ver se o denunciado possui direito subjetivo à proposta de suspensão do processo. Não é uma análise aprofundada, pois os elementos trazidos até então pela investigação podem ser escassos ou inexistentes.

Espécie de *sursis* processual, o processo ficará suspenso, pelo período probatório estipulado em proposta do Ministério Público e fixado pelo Juiz. Requer-se o cumprimento de certas condições:

I – reparação do dano, salvo impossibilidade de fazê-lo. Novamente aqui a legislação resgata o interesse da vítima, que pode, desde logo, ter reparado o dano que sofreu pela prática do crime, sem necessidade de ajuizamento de ação cível, em que pese não haja o impedimento dessa atuação. Para tanto, parece indispensável a notificação da vítima para que, querendo, se faça presente à audiência judicial e traga comprovantes de seu dano e, até mesmo, uma proposta de reparação.

Em alguns delitos, a apuração dos valores dos danos causados pelo crime é facilitada pela sua própria natureza, como nos casos de crimes patrimoniais. Noutros, todavia, há necessidade de uma fixação pelo Magistrado, que pode ou não ser aceita pelo denunciado ou pela vítima.

A reparação do dano é de fundamental importância para a credibilidade deste instituto despenalizador. Todavia, infelizmente, não é o que se vê na prática forense, onde raramente o dano é efetivamente reparado. Na verdade, dá-se uma interpretação muito elástica à impossibilidade de o denunciado fazer essa reparação, bastando a sua afirmação no sentido de sua impossibilidade, pois, como regra, há interesse geral (menos da vítima) na aceitação da proposta e, em decorrência, a suspensão do processo, devido à pressão permanente do excesso de serviço e da busca da celeridade processual.

II – Proibição de freqüentar determinados lugares. Também é disposição trazida do artigo 78, § 2º, do Código Penal, utilizada como uma das condições do *sursis*. Normalmente é aplicada de forma genérica, o que acarreta a sua inutilidade como condição da suspensão do processo. Em alguns casos, pode ser relevante, desde que aplicada de forma específica. Como exemplo, a proibição de freqüentar lugares que vendam bebida alcoólica para aqueles infratores que normalmente incidem na prática criminosa por estarem embriagados. Outra situação que pode ser eficaz, que já foi utilizada em algumas oportunidades, é a proibição de freqüentar estádio de futebol, para aqueles torcedores que vão aos estádios apenas para provocar brigas e causar confusões.

O grande problema dessa condição é que, na prática, não há nenhuma fiscalização a respeito de seu cumprimento. Assim, se o denunciado a descumprir, como regra, nada vai lhe acontecer. Isso, por óbvio, também enfraquece a sua utilidade. Ao que se percebe, a única forma de verificação do descumprimento é quando o infrator acaba se envolvendo em outro delito em local em que estava proibido de freqüentar.

III – proibição de ausentar-se da Comarca sem autorização do juiz. Essa condição também é importada da suspensão condicional da pena, estando prevista na letra *b* do § 2º do artigo 78 do Código Penal, como uma das condições do *sursis*.

Essa condição também tem sido esvaziada na prática forense, onde há a praxe de alterar essa condição, fixando-se que somente há necessidade de comunicação (e não de autorização) ao Juiz, quando o denunciado for se afastar da Comarca por um prazo superior a 30 dias. Discordamos dessa alteração, pois totalmente indevida e infundada, e essa condição passa a ser "letra morta" na lei, diminuindo o compromisso e a responsabilidade do denunciado com o processo criminal.

IV – Comparecimento pessoal e obrigatório a juízo, mensalmente, para informar e justificar suas atividades. Essa condição como regra é aplicada, entretanto também é feita de forma atenuada. Pelo que se observa nas Varas Criminais gaúchas, raramente se determina o comparecimento mensal do denunciado em juízo, pois os magistrados ora determinam o comparecimento trimestral, ora semestral.

Discordamos dessa indevida liberalidade que, muitas vezes, decorre da influência dos servidores judiciais, pois esses comparecimentos aumentam significativamente o trabalho cartorário, além dos expressivos casos de descumprimento dessa condição por mero esquecimento, que resultam em várias intimações e diversos atos processuais. Contudo, poucas vezes se vê decisão de revogação do benefício pelo descumprimento dessa condição.

Conforme se vê da argumentação exposta a respeito das condições da suspensão condicional do processo, verifica-se que tem havido na prática um afrouxamento das condições legais da suspensão do processo, que já são brandas, havendo uma indevida inversão de papéis, pois a suspensão condicional do processo, que foi prevista para os crimes de médio potencial ofensivo, por vezes, possui tratamento menos gravoso do que a transação penal, que é indicada para os crimes de menor potencial ofensivo.

"§ 2º - discricionariedade do Juiz para impor novas condições. A Lei nº 9.099/95 prevê que, além das condições legais existentes, que sempre devem ser aplicadas, pode o Juiz especificar outras condições a que fica subordinada a suspensão, desde que adequadas ao fato e à situação pessoal do acusado. Este dispositivo é inspirado no artigo 79 do Código Penal, que diz que a sentença poderá especificar outras condições a que fica subordinada a suspensão condicional da pena."

Esse dispositivo poderia ser melhor utilizado pelos magistrados, sempre atentos ao princípio da proporcionalidade, que poderiam ser mais ousados na criação de condições específicas para a suspensão. Salientamos que pode o Ministério Público sugerir condições para que o Juiz as aplique, justificando na proposta de suspensão do processo as razões pelas quais aponta a sugestão e qual a razão de sua necessidade no caso concreto.[60]

Essas condições judiciais não podem expor o acusado a vexame ou constrangimentos. Como exemplos de condições citamos: exigência de novo exame de habilitação para dirigir veículo; suspensão do direito de dirigir por um período; recolher-se a residência às 22h; visitar acidentados de trânsito no hospital. Como outro exemplo a ser seguido, sugerimos a adoção do formato da Justiça Terapêutica para os casos em

---

[60] Salientamos a necessidade de motivação e análise do caso concreto tendo em vista a verdadeira "automatização" que tem ocorrido nas transações penais e nas propostas de suspensão condicional do processo, sendo as propostas muito parecidas ou padronizadas, perdendo-se o essencial que é o contato com as partes e a análise do caso concreto.

que haja envolvimento de álcool ou qualquer outra substância entorpecente, encaminhando-se o infrator a tratamento.

Sobre esse tema, remetemos o leitor ao último capítulo, das questões controvertidas da Lei, quando fazemos uma análise mais detalhada da Justiça Terapêutica.

"§ 3º – causas de revogação obrigatória da suspensão do processo – É o caso de o denunciado passar a responder a outro processo por prática de crime ou não proceder a reparação do dano sem motivo justificado. Com efeito, a revogação da suspensão do processo fica sujeita a uma condição resolutiva. Havendo a causa, é revogada a suspensão."

Contudo, sustentamos a necessidade de observância do princípio do contraditório na revogação do "*sursis* processual", devendo o magistrado ouvir sempre o denunciado e lhe permitir a produção de provas. Após, com a oitiva do Ministério Público, deve decidir sobre a revogação, motivando a sua decisão.

"§ 4º – revogação facultativa – processo por contravenção ou descumprimento de outra condição. Da mesma forma como exposto acima, deve-se oportunizar o contraditório antes da decisão. Nesses casos ficará a revogação ao prudente critério do Juiz, que deverá avaliar a gravidade e as peculiaridades de falta cometida pelo acusado, decidindo se ela, justifica ou não, a revogação da suspensão."

Nos casos de descumprimento de condições da suspensão, que são os mais freqüentes, é possível adotar a prorrogação do prazo da suspensão ao invés da revogação pura e simples. Exemplo, se o denunciado deixou de se apresentar em juízo, mensalmente, por três vezes, deve o prazo da suspensão ser prorrogado por mais três meses.

"§ 5º – extinção de punibilidade após o prazo fixado na proposta. Expirado o prazo da suspensão sem que tenha havido a sua revogação, o Juiz declarará extinta a punibilidade do denunciado. Nesse caso, o legislador criou uma nova causa de extinção da punibilidade, incidindo sobre a pretensão punitiva. A natureza jurídica da sentença é declaratória. Assim, o mero decurso de tempo, sem revogação, já opera a extinção da punibilidade."

Para se evitar extinções de punibilidades indevidas, nos casos de denunciados que estão descumprindo as condições da suspensão, mas não houve a constatação jurídica desse descumprimento, sugerimos uma maior fiscalização do cumprimento das condições da suspensão por parte do Ministério Público, que deve requerer vista dos autos, trimestralmente, para fiscalizar o exato cumprimento das condições e, constatado o descumprimento, agir buscando a revogação.

"§ 6º – inocorrência de prescrição enquanto durar a suspensão processual. O legislador criou uma nova causa suspensiva da prescrição, pois não corre o prazo da prescrição da pretensão punitiva durante o '*sursis* processual'. Tal dispositivo deriva de uma percepção lógica de que, se houve a disposição do processo por determinação legal e por consenso bilateral, não podendo nesse período haver o prosseguimento da persecução penal contra o denunciado, não pode também transcorrer o prazo prescricional."

"§ 7º – prosseguimento normal do feito em caso de não aceitação da suspensão. Sendo um ato bilateral e que depende de aceitação por parte do denunciado, se este não tiver interesse na suspensão, responderá o processo em todos os seus termos."

**Art. 90.** As disposições desta Lei não se aplicam aos processos penais cuja instrução já estiver iniciada.

Cuida-se de matéria atinente à aplicação da lei penal no tempo. O cuidado que se deve ter é que a Lei nº 9.099/95 criou normas puramente processuais e normas de caráter misto, que possuem uma face processual e outra de direito material.

Como é cediço, no campo processual vige o princípio da imediatidade para a incidência das novas normas, que deverão ser aplicadas de forma imediata aos processos em andamento. Elas são feitas para o futuro, não podendo ser retroativas. Por outro lado, em se tratando de norma de direito material, a lei penal mais benigna tanto pode ser ultra-ativa como pode retroagir para beneficiar o réu, uma vez que se aplica o princípio a retroatividade de lei mais benigna.

Assim, nos casos em que as normas são de caráter misto, com conteúdo de direito material, como nos casos da transação penal, conciliação civil, suspensão condicional do processo e a representação, este dispositivo é inconstitucional, pois ofende o princípio da retroatividade incondicional da Lei nova menos severa.

No início da vigência da lei, houve dificuldades na aplicação deste artigo. Atualmente, passados 10 anos da vigência da Lei nº 9.099/95, este artigo, que tinha caráter meramente transitório, perdeu a sua utilidade em virtude de que não existem mais processos em andamento que tenham se iniciado antes da vigência da lei.

**Art. 90-A**. As disposições desta Lei não se aplicam no âmbito da Justiça Militar.

No tocante à Justiça Militar, a promulgação da Lei nº 9.839, de 27 de setembro de 1999, acrescentou o artigo 90-A, à Lei nº 9.099/95, estabelecendo que as disposições da Lei dos Juizados Especiais Cíveis e Criminais não se aplicam no âmbito da Justiça Militar.

Assim, pela nova redação da Lei, aos crimes militares próprios, impróprios e àqueles crimes praticados por civis contra as instituições militares federais, cuja competência decorre da previsão do artigo 9º do Código Penal Militar, não são aplicáveis os institutos despenalizantes da justiça penal consensual.

Discordamos da redação do artigo 90-A da Lei nº 9.099/95, taxando-o de inconstitucional por ferir os princípios constitucionais da isonomia e da igualdade. Com efeito, em respeito a esses princípios, não teria sentido deixar de aplicar esses benefícios ao autor do fato apenas porque a competência para o julgamento é de uma justiça especializada. Não se pode esquecer que a jurisdição é una (princípio da unidade da jurisdição), e que as repartições por competência existem apenas para facilitar a aplicação da lei, e não para criar sobreposição de Justiças.

Assim, por exemplo, chega-se ao absurdo de que se um crime de lesão corporal leve for praticado no interior de uma escola, será o autor do fato contemplado pelos benefícios da Lei, mas se o mesmo delito for praticado no interior de um quartel militar, não haverá de receber o autor do fato esses mesmos benefícios. Por que a diferença de tratamento? Não há explicação lógica para isso.

**Art. 91.** Nos casos em esta Lei passa a exigir representação para a propositura da ação penal pública, o ofendido ou seu representante legal será intimado para oferecê-la no prazo de 30 dias, sob pena de decadência.

A leitura do artigo 91 leva a uma idéia de confronto com o artigo 38 do Código de Processo Penal, que prevê o prazo de 06 (seis) meses para a apresentação de representação por parte do ofendido ou de seu representante legal.

Todavia, essa também foi uma norma de transição para aplicação aos processos criminais em andamento, cujos crimes passaram a depender de representação, como as lesões corporais leves e as lesões culposas. Assim, para esses casos, houve a necessidade de intimação das vítimas ou de seus representantes, para que, em 30 dias, apresentassem representação, sob pena de decadência.

Para os demais casos, permaneceu o prazo do artigo 38 do Código de Processo Penal, fixando em 06 (seis) meses o prazo decadencial para representação.

**Art. 92.** Aplicam-se subsidiariamente as disposições dos Código Penal e de Processo Penal, no que não forem incompatíveis com esta Lei.

A aplicação subsidiária do Código Penal e do Código de Processo Penal na Lei nº 9.099/95 denota que ela possui caráter misto, com disposições de conteúdo penal e de conteúdo processual. Essas legislações tradicionais funcionam como fontes subsidiárias, sempre que não houver incompatibilidade, aplicando-se o princípio da especialidade.

Capítulo IV

# Questões Controvertidas

## 1. Princípio da Insignificância x crimes de menor potencial ofensivo

O *princípio da insignificância*, também conhecido como *crime de bagatela*, não possui previsão legal no ordenamento jurídico brasileiro, sendo que o principal teórico defensor desse princípio foi Claus Roxin. Por não haver previsão legal de sua existência, parte da doutrina justificava a sua aplicação como *causa supralegal de exclusão da ilicitude*. Para outros, no entanto, seria mais adequado classificá-lo como *causa supralegal de exclusão da tipicidade*, posição esta que, ante o conceito de "injusto penal", encontra-se mais acertada.

Em verdade, sua aplicação ocorreria em hipóteses nas quais, por questões de política criminal e aplicação de critérios de proporcionalidade, seria contra-indicada a expedição de veredicto condenatório.

Com relação ao fundamento do princípio da insignificância, Zaffaroni *apud* Lopes, refere:[61]

"[...] o fundamento do princípio da insignificância está na idéia de proporcionalidade que a pena deve guardar em relação a gravidade do crime. Assim, nos casos de mínima afetação do bem jurídico, o conteúdo de injusto é tão pequeno que não subsiste nenhuma razão para o *phatos* ético da pena."

Nos mesmos termos, refere Assis Toledo:[62]

"Segundo o princípio da insignificância, que se revela por inteiro pela sua própria denominação, o direito penal, por sua natureza fragmentária, só vai até onde seja necessário

---

[61] LOPES, Maurício Antonio Ribeiro. *Princípio da Insignificância no Direito Penal: analise à luz da Lei 9.099/95 – Juizados Especiais Criminais e da Jurisprudência atual.* v 2. São Paulo: RT, 1997.
[62] TOLEDO, Francisco de Assis. *Princípios Básicos do Direito Penal.* 5ª ed. São Paulo: Saraiva, 2002. p. 133.

para a proteção de bem jurídico. Não deve ocupar-se de bagatelas. Assim, no sistema penal brasileiro, por exemplo o dano do art. 163 do Código Penal não deve ser qualquer lesão a coisa alheia, mas sim aquela que possa representar prejuízo de alguma significação para o proprietário da coisa; o descaminho do art. 334, § 1º, *d*, não será certamente a posse de pequena quantidade de produto estrangeiro, de valor reduzido, mas sim a de mercadoria cuja quantidade ou cujo valor indique lesão tributária, de certa expressão para o Fisco; o peculato do art. 312 não pode ser dirigido para ninharias como a que vimos em um volumoso processo no qual se acusava antigo servidor público de ter cometido peculato consistente no desvio de algumas amostras de amêndoas; a injúria, a difamação e a calúnia dos arts. 140, 139, e 138, devem igualmente restringir-se a fatos que realmente possam afetar significativamente a dignidade, a reputação, a honra, o que exclui ofensas tartamudeadas e sem conseqüências palpáveis; e assim por diante."

Não obstante fosse defendida, desde muito tempo, a aplicação deste princípio pela maior parte da doutrina, assim como de parte da jurisprudência, jamais se olvidou que sua utilização deveria ser feita com cautela, considerando-se insignificante apenas aquilo que, de fato, fosse ínfimo, diante das circunstâncias objetivas e subjetivas do caso concreto, não podendo, destarte, ser aplicado como sinônimo de *impunidade*.

Ocorre que a tipicidade exige ofensa grave aos jurídicos protegidos. Não é qualquer ofensa que é suficiente para a caracterização do injusto típico. Deve haver proporcionalidade entre a gravidade da conduta e a drasticidade da intervenção estatal. Há condutas que se amoldam ao tipo penal formal, mas não possuem relevância material pela pequena ofensa ao bem jurídico tutelado.

Entretanto, com o advento da Lei nº 9.099/95, consagrando e especialmente regulamentando as chamadas infrações de menor potencial ofensivo, parte da doutrina passou a entender que estava superada a definição de *crime bagatelar*. Assim, não haveria espaço, atualmente, para o reconhecimento de tal figura extralegal, visto que o único alcance possível para as infrações consideradas *insignificantes* seria aquele incorporado ao conceito de *infração de menor potencial ofensivo*.

Deste modo, ou a infração situa-se no campo de abrangência dos Juizados Especiais Criminais, admitindo-se a aplicação dos institutos despenalizantes correspondentes, ou deverá ser apurada normalmente, pela via do correspondente rito processual, descabendo-se o reconhecimento dessas teses ditas liberalizantes. Exemplo:

"FURTO TENTADO. BAGATELA. AS CONDUTAS DE MENOR POTENCIAL OFENSIVO ESTÃO DEFINIDAS NAS LEIS N° 9.099/95 E 10.259/01. NÃO EXISTE PREVISÃO LEGAL DESCRIMINALIZANDO OS CHAMADOS DELITOS BAGATELARES. Para os crimes de menor significado, o sistema oferece penas e mecanismos outros para evitar a prisão, mas marcando a reprovação da conduta. recurso provido, para receber a denúncia".[63]

Nesse mesmo sentido é a manifestação de Paganella Boschi:

"Embora os crimes de bagatela e os fatos de menor potencial ofensivo sejam diversos na essência, a verdade é que a nova lei reforçou a punibilidade dos crimes e contravenções até então enquadráveis no conceito de criminalidade de bagatela e que, até então, vinham merecendo atenção secundária das autoridades, em razão do maior envolvimento com a repressão da criminalidade violenta e altamente impactante. Concluindo: os fatos definidos como de menor potencial ofensivo se revestem de ofensividade, embora escassa, justificando e determinando a persecução segundo o procedimento da Lei n° 9.099/95".[64]

Discordamos desse entendimento e sustentamos a persistência do princípio da insignificância, como causa de exclusão da tipicidade material, não havendo, necessariamente, relação deste princípio com o caráter de menor potencial ofensivo atribuído às infrações penais que recaem no Juizado Especial Criminal.

---

[63] (AC 70 005 159 074, 7ª Câm. Crim., TJRS, rel. Des. Ivan Leomar Bruxel, unânime, DJ 05/12/02)
[64] BOSCHI, José Antônio Paganella. *Ação Penal, Denúncia, Queixa e Aditamento*. Rio de Janeiro: Aide, 1997, p. 111.

É que a grande percepção está ligada à ofensividade da conduta em relação ao bem jurídico, e não apenas na desproporção entre o fato e a punição. E isso permanece apesar da Lei nº 9.099/95. Exemplo: uma lesão corporal leve pode se dar por um pequeno arranhão, por um beliscão e, também, de outro lado, por hematomas em todas as partes do corpo, até por fratura óssea que a pessoa retorne às atividades antes de 30 dias. Da mesma forma, se a pessoa for flagrada com 10 gramas de maconha, por exemplo, e com uma ponta de cigarro de 0,07gramas, em tese, ambos podem incorrer nas sanções do artigo 16 da Lei nº 6.368/76. Nos crimes patrimoniais, igualmente, a pessoa pode furtar de um supermercado um frasco de leite de coco que custa R$ 0,70 (setenta centavos) e incorrerá formalmente no tipo penal do furto, ou pode subtrair 1.000 caixas de frascos de leite de coco e estará incursa no mesmo tipo penal. E essas distorções permanecem apesar da Lei nº 9.099/95.

O que nos parece mais adequado, face à ausência de um critério seguro para a aplicação desse princípio, é, como aponta Odone Sanguiné: que seja utilizado como critério auxiliar na determinação e compreensão dos tipos penais, que é válido e historicamente necessário em situações de "esclerotização" legislativa, quando os velhos esquemas normativos são dificilmente adequáveis, com só os instrumentos exegéticos, à realidade econômico-social em radical transformação. A tipicidade não se esgota na concordância lógico-formal (subsunção) do fato no tipo. A ação descrita tipicamente há de ser geralmente ofensiva ou perigosa para um bem jurídico.[65]

## 2. Descumprimento da Transação Penal

Não raras vezes, no Juizado Especial Criminal, deparamo-nos com o descumprimento da transação penal homologada pela autoridade judiciária e já preclusa para recursos ou qualquer outra alteração. A questão a ser indagada é sobre qual atitude deve ser tomada em face do descumprimento, já

---

[65] SANGUINÉ, Odone. *Observações sobre o Princípio da Insignificância, Fascículos de Ciências Penais*, ano 3, vol. 3, p. 36.

que a lei não traz essa solução, como salienta Cézar Roberto Bitencourt:[66]

"A primeira vista, tem-se a impressão de que se o acusado descumprir a pena alternativa imposta nada lhe poderá ser feito porque a lei é omissa. Uma análise simplista e apressada poderá levar efetivamente a essa conclusão, pois os artigos 72 a 76 e 79, que regulam a transação penal, não fazem qualquer referência a execução, cumprimento ou descumprimento das sanções alternativas que, nas circunstâncias forem aplicadas".

A controvérsia existente é pelo fato de a doutrina e a jurisprudência apontarem para 03 (três) soluções possíveis para o descumprimento da transação penal.

A primeira posição aponta que se é aceita a medida despenalizadora pelo autor do fato delituoso e não cumprida, o caminho mais adequado é o prosseguimento do ato até o final do julgamento. Assim, o Ministério Público deverá desconsiderar a transação penal anterior e oferecer a denúncia, havendo o prosseguimento do processo em sua segunda fase, com a suspensão condicional do processo, se couber, ou com a instrução processual até a sentença.

Discordamos desse entendimento em virtude de ele desconsiderar a transação penal realizada, como se ela não tivesse existido juridicamente. Isso não parece possível, já que houve o processamento de toda a primeira fase do processo, com a audiência preliminar, com a tentativa de conciliação civil, a representação da vítima (se for o caso), a proposta de transação penal, a aceitação pelo autor do fato e por seu defensor e a homologação judicial. E isso não pode ser desconsiderado, não pode ser entendido como inexistente.

O segundo entendimento, com o qual comungamos, sustenta que em caso de descumprimento da transação penal pelo autor do fato, ela se torna título executivo judicial e deve ser executada perante o Juizado Especial de Execução de Penas Restritivas de Direitos e de Pena de Multa. Essa também é a posição adotada pelo Superior Tribunal de Justiça, conforme segue:[67]

---

[66] BITENCOURT, Cezar Roberto. *Juizados Especiais Criminais e Alternativas à Pena de Prisão*. 3ª ed. Porto Alegre: Livraria do Advogado, 1997, p 115.
[67] STJ – 6ª T., Rel. Min. Vicente Leal, RESP nº 190.194, DJ: 25/09/2000, p. 146.

"PENAL. JUIZADO ESPECIAL. CRIMINAL. TRANSAÇÃO PENAL. DESCUMPRIMENTO. OFERECIMENTO DE DENÚNCIA. IMPOSSIBILIDADE.
– Formulada pelo Ministério Público proposta de transação penal e homologado o acordo por decisão judicial irrecorrível, na forma preconizada no art. 76, da Lei nº 9.099/95, o descumprimento da obrigação acordada não enseja a reabertura da ação penal, com o oferecimento de denúncia.
– A sentença homologatória de transação é título judicial, susceptível de execução, não podendo ser desconsiderada em face de resistência do obrigado.
– Recurso especial não conhecido."

Segue outro caso em que não foi possível o oferecimento de denúncia, por haver uma sentença que homologa a transação penal, com eficácia de coisa julgada material:[68]

"TRANSAÇÃO PENAL – SENTENÇA HOMOLOGATÓRIA – EFICÁCIA – DESCUMPRIMENTO DO ACORDADO – IMPOSSIBILIDADE DE OFERECIMENTO DE NOVA DENÚNCIA.
– Esta Corte vem decidindo que a sentença que homologa transação penal possui a eficácia de coisa julgada material e formal. Assim, diante do descumprimento do acordo por ela homologado, não existe a possibilidade de oferecer-se denúncia, determinando o prosseguimento da ação penal e considerando-se insubsistente a transação homologada.
– Assim considerando, agiu com acerto a magistrada de primeiro grau, ao rejeitar a denúncia oferecida contra o paciente, ponderando que 'com a homologação judicial encerrou-se a atividade jurisdicional no âmbito criminal, restando ao Ministério Público executar o autor da infração pela dívida de valor decorrente do não pagamento da pena de multa imposta'.
– Ademais, o art. 77, da Lei nº 9.099/95, estabelece que o Ministério Público oferecerá denúncia nos seguintes casos: quando não houver aplicação de pena diante da ausência do autor do fato, ou, ainda, quando não houver transação. No caso em tela, houve transação e, em face do descumprimento do acordo realizado, dever-se-á aplicar o

---

[68] STJ – Quinta Turma, Rel. Min. Jorge Scartezzini, HC nº 11.111, DJ: 18/12/2000, p. 219.

art. 85, da Lei nº 9.099/95, combinado ao art. 51, do Código Penal, obedecendo-se a nova redação conferida pela Lei nº 9.286/96.
– Precedentes.
– Ordem concedida para anular a decisão que, reformando a decisão de primeiro grau, determinou o recebimento da denúncia e o processamento do feito."

A terceira posição sobre o tema tem conteúdo meramente prático e é adotada pela maioria dos juízes de direito e pretores gaúchos que atua na presidência dos Juizados Especiais Criminais. Para evitar essa discussão jurídica, eles somente homologam a transação penal após a demonstração de seu efetivo cumprimento por parte do autor do fato. Assim, cumprida a transação penal, ela é homologada e extinta. Se houver o seu descumprimento, como ela ainda não havia sido homologada, retornam os autos do termo circunstanciado ao Ministério Público para análise com a finalidade de oferecimento da denúncia.

Discordamos dessa posição, pois ela repete a primeira, desconsiderando tudo o que já ocorreu na primeira fase processual, sendo a única diferença o fato de não ter havido a homologação judicial da transação penal. O entendimento é mais aceitável juridicamente, contudo desnecessário, pois o ideal é se dar cumprimento à transação penal através de sua execução.

A execução da transação penal descumprida que fixou pena de multa ou de prestação pecuniária não aponta qualquer dificuldade, pois ou já está convertida em valor ou basta fazer a sua conversão em valor monetário, numa espécie de liquidação de sentença, e após encaminhar-se à execução.

A questão controvertida é relativa ao descumprimento de transação penal, aceita pelo autor do fato e homologada judicialmente, que fixou pena restritiva de direitos de prestação de serviços à comunidade ou à entidade pública.

Nesse caso, sustentamos ser impossível a conversão dessa transação penal em pena privativa de liberdade, uma vez que a justiça penal consensual está limitada às penas alternativas à prisão. Assim, a aceitação da proposta de aplicação imediata de pena pelo autor do fato foi a uma pena não-privativa de liberdade, sendo este o devido processo legal da Lei nº 9.099/95. Para a aplicação de pena privativa de liberdade, o devido processo legal e a ampla defesa são outros. Em ocorrendo tal situação, sugerimos a conversão da pena restritiva de direitos de prestação de serviços à comunidade ou à entidade pública em perdas e danos, que é a forma como se resolvem os descumprimentos de obrigações. Isso seria resolvido em sede de liquidação de sentença. Após, alcançado um valor monetário, prossegue-se com a sua execução.

Por fim, sustentamos que a titularidade para a execução dessas transações penais homologadas e não cumpridas é do Ministério Público. Sendo ele o titular privativo da ação penal pública, não lhe pode ser subtraída a legitimidade no momento de dar cumprimento à pretensão punitiva alcançada. A transação penal tem conteúdo penal, e não há outro legitimado a dar seguimento à execução.

O entendimento, infelizmente majoritário,[69] que remete a cobrança à Fazenda Pública, além de equivocado juridicamente, já que a transação penal homologada, ou mesmo a pena de multa, não se transformam em tributo, faz imperar a impunidade. É que a Fazenda Pública do Estado do Rio Grande do Sul, pela Lei nº 12.031, de 19 de dezembro de 2003, não inscreve em dívida ativa os créditos de natureza não-tributária de valor igual ou inferior a 50 UPF-RS, que atualmente fica em torno de R$ 500,00 (quinhentos reais). Quem conhece a realidade dos Juizados Especiais Criminais sabe que raramente as transações penais alcançam valores superiores a R$ 500,00, sendo que a regra é que os valores fiquem bem aquém desse em decorrência da situação econômica das pessoas envolvidas.

Assim, se o Ministério Público, por força de entendimento jurisprudencial, não é legitimado à execução, e se a Fazenda Pública também não faz a cobrança, quem fará a execução? Sugerimos, conforme já referido, que se reveja o entendimento jurisprudencial, permitindo-se ao Ministério Público a execução.

---

[69] Ver: REsp 286881/SP; REsp 291657/SP; HC 26561/SC; HC 23704/RS.

## 3. Ação Penal de Iniciativa Privada – aplicação dos Institutos

A Lei nº 9.099/95 não possibilitou expressamente em seu artigo 76 a possibilidade da utilização da transação penal pela vítima de crimes cuja iniciativa da ação penal é privada. Da mesma forma, o artigo 89 trata exclusivamente da proposta de suspensão condicional do processo por parte do Ministério Público. Entretanto, na doutrina e na jurisprudência, há entendimentos, com os quais comungamos, de que é possível o oferecimento por parte do querelante dos institutos despenalizadores da transação penal e da suspensão condicional do processo.

Nereu Giacomolli entende que é possível admitir a possibilidade do oferecimento da transação penal na ação penal privada porque não existe proibição expressa. E é nas infrações de iniciativa privada onde se verifica uma maior amplitude de poder de disposição das partes, no que se refere ao exercício da ação, dedução e sustentação da pretensão acusatória. Assim, preenchidos os requisitos exigidos pela lei, será cabível a proposta feita pelo querelante.[70]

Ada Pellegrini Grinover, Antonio Magalhães Gomes Filho, Antônio Scarance Fernandes e Luiz Flávio Gomes também defendem essa posição no sentido de se permitir ao querelante o oferecimento de proposta de transação penal, justificando que se à vítima é possível o mais, que é o oferecimento da queixa-crime, porque não lhe permitir o menos, que é a proposta de transação penal, que, solucionando a causa, pode lhe ser mais benéfica, assim como também o será para o autor do fato.[71]

Esta também foi a posição adotada pelo Superior Tribunal de Justiça, *in verbis:*

"A Lei nº 9.099/95 aplica-se aos crimes sujeitos a procedimentos especiais, desde que obedecidos os requisitos autorizadores, permitindo-se a transação e a suspensão condicional do processo nas ações de iniciativa exclusivamente privada. Recurso provido para anular o feito desde

---

[70] GIACOMOLLI, Nereu José. Op. cit., p. 126.
[71] GRINOVER, Ada Pelegrini, *et al.* Op. cit., p. 140-141.

o recebimento da queixa-crime, a fim de que seja observado o procedimento da Lei nº 9.099/95".[72]

Tourinho Filho assim se manifesta sobre o tema: "Tratando-se de ação penal de alçada privada, tem-se entendido da possibilidade de a vítima, que viu frustrada a tentativa de acordo civil e que quase certamente irá oferecer a queixa, caso outra opção não lhe for propiciada, oferecer pena restritiva de direitos ou multa, visto que talvez seja a sua satisfação no âmbito penal, além de ser mais vantajoso ao autor do fato".[73]

Por outro lado, o entendimento de Mirabete é contrário, não admitindo a composição penal nos delitos de ação penal privada, sustentando que na ação penal privada o maior interesse da vítima é o de ver reparados os danos causados pelo delito, o qual a lei permite que seja feito na composição civil ou com a execução da sentença penal condenatória.[74] Do mesmo modo, Damásio de Jesus se posiciona pela impossibilidade da transação penal nas ações penais de iniciativa privada.[75]

Geraldo Prado também não concorda com a transação penal na ação penal de iniciativa privada, justificando que é incoerente a vítima que possui plena disposição da ação penal transacionar a sanção penal com o infrator, uma vez que o querelante tem apenas o direito de buscar a condenação do autor do fato, e não a aplicação da pena que é direito exclusivo do Estado.[76]

Contudo, além dos argumentos já expostos a favor da aplicação dos institutos da transação penal e da suspensão condicional do processo aos crimes de ação penal de iniciativa privada, acrescentamos que a interpretação analógica a favor do réu é sempre possível. E, no caso, a aplicação desses institutos, a toda evidência, são favoráveis ao autor do fato.

---

[72] STJ. *Habeas Corpus* nº 8.480/sp. 5ª Turma. Rel. Min. Gilson Dipp. Julgado em 21.10.99. Disponível em www.stj.gov.br/SCON/jurisprudência.

[73] TOURINHO FILHO, Fernando da Costa. *Comentários à Lei dos Juizados Especiais Criminais*. São Paulo: Saraiva, 2000, p. 96.

[74] MIRABETE, Julio Fabbrini. *Juizados Especiais Criminais. Comentários, jurisprudência, legislação*, p. 129.

[75] JESUS, Damásio E. Op. cit., p. 79.

[76] PRADO, Geraldo. *Elementos para uma análise crítica da Transação Penal*. Rio de Janeiro: Lúmen Júris, 2003. p. 166.

Assim, onde nos artigos 76 e 89 a Lei nº 9.099/95 se refere ao "Ministério Público", deve ser lido o "titular da ação penal".

De outra banda, não parece lógico serem obrigatórias, quando preenchidos os requisitos legais, ao órgão de execução do Ministério Público, as propostas de transação penal e de suspensão condicional do processo, pelo fato de esta instituição possuir independência funcional e ter como principal função institucional a defesa da sociedade e, deste modo, exercer a titularidade privativa da ação penal pública, que tutela bens jurídicos indisponíveis, enquanto o querelante, particular, cujo único compromisso é com o seu próprio direito, que é disponível, não tem essa obrigatoriedade.

Pensar de outro modo leva a situações inexplicáveis, como por exemplo, em casos de maus-tratos, constrangimento ilegal, receptação culposa, ato obsceno, uso de substância entorpecente etc, cujos objetos jurídicos específicos dos crimes são a proteção de bens jurídicos indisponíveis, o autor do fato vai se beneficiar da transação penal, e em casos de crimes de dano, calúnia, injúria e difamação, que são bens jurídicos de interesse particular e que são disponíveis, o autor do fato não teria esse direito e seria constrangido a todos os trâmites do processo até a sentença e eventual recurso.

Em relação à suspensão condicional do processo, a situação é mais gravosa, pois atinge dezenas de crimes de médio potencial ofensivo, como furto, estelionato, apropriação indébita, lesão corporal grave, aborto, homicídio culposo, etc, em que o denunciado, desde que cumpridas as exigências e requisitos do artigo 89 da Lei nº 9.099/95, em tese, possui direito à suspensão do processo, e em casos como o de injúria preconceituosa, prevista no artigo 140, § 3º, do Código Penal, que é um delito contra a honra, portanto bem jurídico disponível, a ação penal privada poderia ter seu decurso estendido até os tribunais superiores, num tratamento processual muito mais severo ao acusado.

Por fim, sustentamos que diante da negativa do querelante em fazer as propostas de transação penal ao autor do fato e de suspensão condicional do processo ao querelado, considerar-se-á perempta a ação penal, nos termos do artigo 60 do Código de Processo Penal, por interpretação analógica.

Quanto à possibilidade de o querelante fazer propostas exageradas para obstar a aceitação por parte do autor do fato ou querelado, a solução está na atuação do magistrado, que poderá reduzir até a metade e adequar a proposta ao caso concreto.

## 4. Crimes Conexos

A conexão pressupõe a pluralidade de condutas delituosas, ou seja, a ocorrência de duas ou mais infrações criminais, com liame objetivo ou subjetivo, que justifica a junção dos processos. Segundo Marcellus Polastri Lima: "A conexão e a continência não são causas determinantes ou fixadoras de competência, como equivocadamente deixa o Código de Processo Penal entrever, mas tão somente causas modificadoras de competência".[77]

A partir dessa idéia de conexão, a questão a ser debatida é quando de fato ocorrer a conexão entre um crime de menor potencial ofensivo, que é de competência do Juizado Especial Criminal, em conexão com outro crime da competência da Justiça Comum, ou mesmo de competência do Tribunal do Júri, quem será o competente para o processo e julgamento dos crimes?

Segundo Mirabete, com o qual o autor Marcelo Lemos Dornelles concorda, os crimes de menor potencial ofensivo, quando praticados em concurso com crimes que estão excluídos da competência do Juizado Especial Criminal, impossibilitam o magistrado de apreciar o crime conexo por haver incompetência absoluta. Há, então, a exclusão da infração penal de menor potencial ofensivo para que haja um processo e julgamento único, salvo quando se tratar de separação obrigatória de processos, como no caso de concurso de crime da Justiça Ordinária e da Justiça Militar.[78]

É que na hipótese se aplica o artigo 78, II, do Código de Processo Penal, que afirma que nos casos de conexão ou continência a competência é determinada pelo juízo competente para processar e julgar o crime mais grave. Nesse sentido, o enunciado nº 10 do IV Encontro de Coordenadores de Juizados Especiais Cíveis e Criminais do Brasil: "Havendo

---

[77] LIMA, Marcellus Polastri. *Curso de Processo Penal*. Vol. I, 2ª edição. Lúmen Júris. Rio de Janeiro, 2003. p. 445.
[78] MIRABETE, Julio Fabbrini. Op. cit., p. 52.

conexão entre crime de competência do Juizado Especial e do Juizado Penal Comum, prevalece à competência deste último".

Conforme leciona Lenio Luiz Streck, quando refere à conexão de um crime de menor potencial ofensivo com outro de competência do Tribunal do Júri:

> "Sem dúvida, nos casos de conexão de crimes de competência do Júri com os da Lei 9.099/95, a competência do Júri é absolutamente prevalente, atraindo todas as infrações consideradas como de menor potencial ofensivo, pela incidência da conexão. Essa posição se coaduna com o princípio constitucional da soberania dos veredictos do Tribunal do Júri. A regra processual que trata da conexão não foi revogada pela nova Lei nº 9.099/95".[79]

Este entendimento também foi esposado pelo Tribunal de Justiça do Rio Grande do Sul, *in verbis*:

> "JÚRI. HOMICÍDIO. PRONÚNCIA. CRIME CONEXO. LESÕES CORPORAIS DE NATUREZA LEVE. Cisão processual com o declinar da competência para o julgamento da infração de menor potencial ofensivo ao Juizado Especial Criminal. Sentença nula. Em obediência ao disposto no artigo 78, I, do CPP, não há como cindir o julgamento de delitos conexos com imputada prática de crime doloso contra a vida. Impõe-se a unidade de julgamento, que se fará perante o Tribunal do Júri".[80]

Houve situações processuais em que se procedeu à cisão do processo, fixando a competência do crime comum para o juízo comum e a do crime de menor potencial ofensivo para o Juizado Especial Criminal, com a alegação de que a competência do Juizado Especial emana diretamente da Constituição Federal e, portanto, deveria ser mantida para os crimes de menor potencial ofensivo. Esta é a opinião de Nereu Giacomolli, que recomenda a cisão processual para permitir a aplicação dos institutos da Justiça Consensual àquelas infrações onde seja possível.[81] (posição defendida, também, pelo autor Daniel Gerber, em comentários ao artigo 60 desta Lei).

---

[79] STRECK, Lenio Luiz. Op. cit., p. 142.

[80] TJRS. *Habeas Corpus nº 70002461432.*1ª Câmara Criminal. Rel. Des. Ranolfo Vieira. Julgado em 06.06.01. www.tj.rs.gov.br

[81] GIACOMOLLI. Nereu José. Op. cit., p. 73.

Entretanto, tal raciocínio não foi adequado porque, além de afastar indevidamente a conexão e a continência, que, como dito, são causas modificadoras da competência, parte de uma premissa equivocada, pois a Constituição Federal apenas impôs e autorizou a criação dos Juizados Especiais Criminais, mas deixou para a legislação ordinária a definição dos limites da competência quantos aos delitos de menor potencial ofensivo.

Além disso, a própria Lei nº 9.099/95 prevê casos de afastamento de sua competência, como por exemplo em caso de complexidade ou circunstâncias que não permitam formulação imediata da denúncia (artigo 77, § 1º) e do ilícito praticado por pessoa que não é encontrada para a citação pessoal (artigo 66, parágrafo único). Destarte, nada impede que seja excluída a competência do Juizado Especial Criminal em caso de concurso de crimes, quando um dos crimes não é de menor potencial ofensivo.

### 5. Concurso de Crimes de Menor Potencial Ofensivo (material, formal, continuado)

A pluralidade de delitos pode resultar da prática de uma ou mais condutas do agente. Esses conceitos configuram o concurso formal e o material. Há crime continuado quando o infrator comete dois ou mais delitos da mesma espécie, mediante mais de uma conduta, estando os delitos unidos pela semelhança de determinadas circunstâncias de tempo, lugar e maneira da execução.

Trata-se das regras previstas nos artigos 69, 70 e 71 do Código Penal, as quais são utilizadas para a aplicação da pena. Contudo, no âmbito dos Juizados Especiais Criminais, essas normas penais são utilizadas para definir se as infrações praticadas pelo apontado autor do fato são consideradas de menor potencial ofensivo, para que se disponibilizem os institutos despenalizantes, dentre eles o da transação penal.

Segundo Ada Grinover: "no concurso material, previsto no artigo 69 do Código Penal, se a soma das penas máximas de cada crime exceder a dois anos, não há espaço para o Juizado, segundo a jurisprudência dominante".[82] Nereu Gia-

---

[82] GRINOVER, Ada Pellegrini et al. Op. cit., p. 380.

comolli esclarece que os benefícios legais do concurso de crimes devem incidir sobre cada unidade fática, sempre que isso for mais favorável ao infrator, na medida em que as normas do concurso foram previstas pelo legislador com a intenção de beneficiar o delinqüente.[83]

As recentes decisões do Supremo Tribunal Federal e do Superior Tribunal de Justiça, inclusive sumuladas, quando tratam da suspensão condicional do processo, sinalizam para a utilização do somatório mínimo do acréscimo da exasperação da majorante do concurso de crimes à pena mínima do fato para a verificação do cabimento do benefício.[84]

Dessa forma, possível concluir-se que para a transação penal o raciocínio jurídico seja semelhante, mas no sentido de aplicar-se à pena máxima[85] prevista em abstrato ao fato o acréscimo máximo das majorantes do concurso formal e do crime continuado para verificar se desse cálculo resulta pena inferior ou superior a dois anos. Sendo menor que dois anos, permanece a competência do Juizado Especial Criminal. Ao contrário, sendo o resultado da equação pena superior a dois anos, fica afastada a competência do Juizado, devendo o processo tramitar em Vara Criminal da Justiça Comum.

Quanto ao concurso material, do mesmo modo, deve-se fazer a soma das penas máximas cominadas em abstrato aos crimes em concurso e verificar se dessa equação o resultado é superior ou inferior a dois anos. A solução que apontamos é a mesma antes referida, ou seja, sendo inferior, fixa a competência do Juizado Especial Criminal e, sendo superior a dois anos, essa competência deve ser afastada.

---

[83] GIACOMOLLI, Nereu José. Op. cit., p. 45.

[84] SÚMULA 723 – STF: Não se admite a suspensão condicional do processo por crime continuado, se a soma da pena mínima da infração mais grave com o aumento mínimo de 1/6 for superior a um ano.
SÚMULA 243 – STJ: O benefício da suspensão condicional do processo não é aplicável em relação às infrações penais cometidas em concurso material, concurso formal ou continuidade delitiva, quando a pena mínima cominada, seja pelo somatório, seja pela incidência da majorante, ultrapassar o limite de 01 ano.

[85] A incidência do acréscimo mínimo da majorante à pena mínima do crime para os casos de suspensão condicional do processo se deve ao fato de ela ser prevista para ser aplicada aos crimes de médio potencial ofensivo em que o benefício se dá pela análise da pena mínima prevista em abstrato ao crime. Quanto à transação penal, ao contrário, a fixação da competência se dá pela pena máxima prevista em abstrato para o crime, para ver se há a adaptação ao conceito de crime de menor potencial ofensivo. Por esta razão, os acréscimos do concurso de crimes, nesse caso, incidem sob o cálculo da pena máxima prevista em abstrato para o crime.

## 6. Desclassificação de crime da competência do Tribunal do Júri e da Justiça Comum para crime de menor potencial ofensivo

Outra questão controvertida que importa análise se dá quando ocorre a desclassificação de um crime de médio ou maior potencial ofensivo para um crime de menor potencial ofensivo. Deste modo, ocorrendo a desclassificação, em tese, importaria também na modificação da competência para o prosseguimento da ação penal.

Como exemplo, suponha-se que um crime tenha sido denunciado como lesão corporal grave, pela qualificadora da incapacidade para as ocupações habituais por mais de 30 dias, perante o juízo penal comum. Durante a instrução do processo, verifica-se que, na realidade, a vítima havia retornado às suas ocupações do cotidiano antes de 30 dias, fato que importa na desclassificação do delito para o crime de lesões corporais leves.

Outro exemplo corriqueiro decorre da desclassificação de um crime denunciado como tentativa de homicídio, portanto da competência do Tribunal do Júri, que acaba sendo desclassificado para o crime de lesões corporais leves. Pergunta-se: o próprio Juiz de Direito instrutor, nos dois casos, diante da nova definição jurídica do fato, pode aplicar as regras da Lei nº 9.099/95, ou deve ele declarar-se incompetente e remeter os autos do processo para o Juizado Especial Criminal?

Embora sabedores de que há divergência, sustentamos a posição de que, transitada em julgada a decisão para o Ministério Público, já que pode haver recurso por parte do agente ministerial sucumbente, devem os autos ser remetidos ao Juizado Especial Criminal, devendo ser intimada a vítima para ver se ela tem interesse na representação, conciliação civil etc, prosseguindo-se o fato com essa nova definição jurídica. Parece-nos não haver razão ou necessidade de um processo por crime de menor potencial ofensivo, mesmo que, por desclassificação, tramite fora do Juizado Especial Criminal, que é o juiz natural para esses casos.

O que pode ocorrer é que os atores jurídicos que atuem perante o Juizado Especial Criminal (juiz de direito, promotor de justiça, advogado) não concordem com a decisão de desclassificação e quando receberem os autos do processo suscitem conflito negativo de competência. Neste caso, os autos do processo serão remetidos ao Tribunal de Justiça, que decidirá sobre a competência para o processo e julgamento do processo.

### 7. Justiças: Federal, Militar e Eleitoral

A Lei nº 10.259/01, inicialmente, teve por escopo encontrar uma alternativa que desafogasse a Justiça Federal, que, até então, estava excessivamente morosa em face do elevado número de processos que lá tramitavam, desproporcional a sua estrutura física e de pessoal. A referida lei disciplinou as matérias cíveis e criminais, pois já tinha a experiência positiva dos Juizados Especiais Cíveis e Criminais no âmbito estadual.

A Emenda Constitucional nº 22, de março de 1999, acrescentou o parágrafo único ao artigo 98 da Constituição Federal, criando Juizados Especiais na Justiça Federal, mas estes somente foram regulamentados com a promulgação da Lei nº 10.259/01, que instituiu os Juizados Especiais Cíveis e Criminais no âmbito da Justiça Federal.

Conforme leciona Damásio E. de Jesus:

"Esta lei não só ampliou o rol dos delitos de menor potencial ofensivo, já definidos na Lei nº 9.099/95, através da elevação de pena máxima cominada ao delito de um para dois anos, como também excluiu a cláusula restritiva que retirava da competência dos Juizados Especiais Criminais os casos em que a lei prevê procedimento especial. Em face disso, há de prevalecer a Lei posterior, inegavelmente de direito penal material, mais benéfica, ampliando o rol dos crimes de menor potencial ofensivo, derrogando a anterior".[86]

Podemos dizer, sem dúvidas, que a Lei nº 10.259/021, em seu artigo 1º, aplica subsidiariamente a Lei nº 9.099/95, a qual terá ampla incidência no Juizado Especial Criminal, pois a nova Lei reservou apenas os dois primeiros artigos aos Juizados Especiais da Justiça Federal.

---

[86] JESUS, Damásio E. de. *Leis dos Juizados Especiais Criminais Anotadas*. 7ª ed. São Paulo: Saraiva, 2002, p. 19.

Segundo refere Julio Fabbrini Mirabete:

"O parágrafo único, inserido pela Emenda Constitucional, somente tornou possível a criação nos Estados de Juizados Federais, pois, em se tratando de Juizados Especiais, mesmo para crimes federais, no Distrito Federal e Territórios, a União já estava autorizada pelo *caput* do artigo 98 da Constituição Federal e podia, assim, criar os Juizados Especiais Criminais nas hipóteses previstas em Lei, ou seja, na Lei própria a ser editada".[87]

O artigo 1º da referida Lei, dispõe que: "São instituídos os Juizados Especiais Cíveis e Criminais da Justiça Federal, aos quais se aplicam, no que não conflitar com esta Lei, o disposto na Lei nº 9.099/95".

Já o artigo 2º afirma que: "Compete ao Juizado Especial Federal Criminal processar e julgar os feitos da competência da Justiça Federal Criminal relativos às infrações de menor potencial ofensivo. Parágrafo único. Consideram-se infrações de menor potencial ofensivo, para os efeitos desta Lei, os crimes a que a lei comine pena máxima não superior a 2 (dois) anos, ou multa".

Luiz Flávio Gomes leciona que: "É a Lei nº 9.099/95 que vai reger o Juizado Criminal Federal, porque a Lei nº 10.259/01 está muito mais voltada para os juizados cíveis que para os criminais. Fundamentalmente interessam para a esfera criminal, apenas os dois primeiros artigos da lei, os quais foram examinados".[88]

Após pequena divergência no início da vigência da Lei nº 10.259/01, sobre o alcance do parágrafo único de seu artigo 2º no âmbito dos Juizados Especiais Criminais estaduais, atualmente está pacificado o entendimento e não há qualquer dúvida da ampliação do conceito de crime de menor potencial ofensivo para aqueles cuja pena máxima não for superior a 02 (dois) anos.

Também nesse sentido decidiu o Tribunal de Justiça do Rio Grande do Sul, *in verbis:*

---

[87] MIRABETE, Julio Fabbrini. Op. cit., p. 18.
[88] GOMES, Luiz Flávio. *Juizados Criminais Federais: seus reflexos nos Juizados Estaduais e outros estudos.* Revista dos Tribunais, 2002, p. 16-17.

"Delito de calúnia. Conceito de infração de menor potencial ofensivo. Lei n° 10.259/01. Competência. Com o advento da Lei n° 10.259/01, ficou ampliado o conceito de infração de menor potencial ofensivo previsto na Lei n° 9.099/95, observando-se a devida isonomia constitucional. Conflito julgado procedente, declarando-se a competência do 1° Juizado Especial Criminal do foro central de Porto Alegre para o conhecimento e processamento da ação penal".[89]

No Rio Grande do Sul, o Tribunal Regional Federal da 4ª Região instalou o Juizado Criminal Federal adjunto a 1ª Vara Federal, em Porto Alegre-RS. Contudo, mesmo nas seções judiciárias onde não tenha havido a efetiva instalação do Juizado, compete aos Juízes Federais a aplicação do procedimento e das regras das Leis n° 10.259/01 e n° 9.099/95 aos crimes de menor potencial ofensivo.

Também em Porto Alegre foi instalada a Turma Recursal, composta por três Juízes Federais, com competência recursal quanto às decisões dos Juízes Federais nos processos oriundos de decisões de crimes de menor potencial ofensivo. Aliás, das decisões da Turma Recursal não cabe recurso ao Tribunal Regional Federal, incidindo apenas os recursos especial e extraordinário, nas situações previstas na Constituição Federal.

A Súmula 727 do Supremo Tribunal Federal afirma que: "Não pode o magistrado deixar de encaminhar ao Supremo Tribunal Federal o agravo de instrumento interposto da decisão que não admite recurso extraordinário, ainda que referente a causa instaurada no âmbito dos juizados especiais." Deste modo, admite que há recurso extraordinário das decisões oriundas dos Juizados Especiais.

Questão relevante é saber se as normas da Lei n° 9.099/95 podem ser aplicadas nas Justiças Militar e Eleitoral.

A conclusão n° 02 da Comissão Nacional de Interpretação da Lei 9.099/95 é no sentido da aplicação dessas normas às Justiças Especiais. Diz o seguinte: São aplicáveis pelos juízos comuns (estadual e federal), militar e eleitoral imediata e

---

[89] TJRS. *Hábeas Corpus n° 70006155212*. 8ª Câmara Criminal. Rel. Des. Marco Antônio Ribeiro de Oliveira. Julgado em 11.06.03. Disponível em www.tj.rs.gov.br

retroativamente, respeitada a coisa julgada, os institutos penais da Lei nº 9.099/95, como a composição civil extintiva da punibilidade, transação penal, representação e suspensão condicional do processo.

Em oposição a esse entendimento, leciona Marcellus Polastri Lima:

> "O artigo 1º da lei, norma geral que se aplica tanto ao Juizado Especial Cível como Criminal, que o Juizado é órgão da Justiça Ordinária, que significa dizer ser da Justiça Comum que difere da Justiça Especial, e, assim, sendo as Justiça Militar e Eleitoral, Justiças Especiais, à toda evidência não se pode aplicar as regras da Lei nº 9.099/95 a tais Justiças".[90]

Nesse mesmo sentido do citado acima, sustentando posicionamento contrário à aplicação das normas, é a opinião de Mirabete:

> "[...] deve-se concluir, apesar de opiniões em contrário, que, no âmbito dessas Justiças, de ilícitos castrenses e eleitorais, não se aplicam os dispositivos referentes à composição dos danos sofridos pela vítima (conciliação) e à proposta de aplicação imediata de pena não privativa de liberdade (transação), medidas reservadas exclusivamente na lei aos ilícitos penais de competência dos Juizados Especiais Criminais".[91]

Entretanto, no tocante à Justiça Militar, dito impasse acabou em virtude da promulgação da Lei nº 9.839, de 27 de setembro de 1999, que acrescentou o artigo 90-A, à Lei nº 9.099/95, estabelecendo que as disposições da Lei dos Juizados Especiais Cíveis e Criminais não se aplicam no âmbito da Justiça Militar.

Assim, pela nova redação da Lei, aos crimes militares próprios, impróprios e àqueles crimes praticados por civis contra as instituições militares federais, cuja competência decorre da previsão do artigo 9º do Código Penal Militar, não são aplicáveis os institutos despenalizantes da justiça penal consensual.

---

[90] LIMA, Marcellus Polastri. Op. cit., p. 330.
[91] MIRABETE, Julio Fabbrini. Op. cit., p. 17.

Discordamos da redação do artigo 90-A da Lei nº 9.099/95, taxando-o de inconstitucional por ferir os princípios constitucionais da isonomia e da igualdade. Com efeito, em respeito a esses princípios, não teria sentido deixar de aplicar esses benefícios ao autor do fato apenas porque a competência para o julgamento é de uma justiça especializada. Não se pode esquecer que a jurisdição é una (princípio da unidade da jurisdição), e que as repartições por competência existem apenas para facilitar a aplicação da lei, e não para criar sobreposição de Justiças.

Assim, por exemplo, chega-se ao absurdo de que se um crime de lesão corporal leve for praticado no interior de uma escola, será o autor do fato contemplado pelos benefícios da Lei, mas se o mesmo delito for praticado no interior de um quartel militar, não haverá de receber o autor do fato esses mesmos benefícios. Por que a diferença de tratamento? Não há explicação lógica ou jurídica para isso.

Quanto aos crimes eleitorais, previstos no Código Eleitoral e na legislação eleitoral extravagante, apesar das opiniões em contrário,[92] sustentamos que devem ser aplicados esses institutos despenalizantes da Lei nº 9.099/95 nos julgamentos de crimes eleitorais de menor potencial ofensivo perante a Justiça Eleitoral. Com efeito, no mesmo sentido da argumentação no tocante à Justiça Militar, em respeito aos princípios da igualdade e da isonomia, não teria sentido deixar de aplicar esses benefícios ao autor do fato apenas porque a competência para o julgamento é de uma justiça especializada.

Não há qualquer diferença no fato de um crime de menor potencial ofensivo ser praticado durante o período eleitoral ou fora dele, ou meramente por estar previsto na legislação eleitoral, e não no Código Penal.

Por exemplo, um crime eleitoral de bastante incidência é o do artigo 296 do Código Eleitoral: "Promover desordem que prejudique os trabalhos eleitorais: Pena – detenção até 02 meses e pagamento de 60 a 90 dias-multa." É evidente que

---

[92] Joel José Cândido, em sua obra *Direito Eleitoral Brasileiro*, 6ª ed. Bauru-SP: Edipro, 1996. p. 330, afirma que se aplica apenas parcialmente a Lei 9.099/95 na Justiça Eleitoral, no que se limita a proposta de suspensão condicional do processo. Os demais institutos não seriam aplicáveis.

pela pena cominada ao crime ele é um exemplo típico de crime de menor potencial ofensivo. Parece-nos desarrazoado se fazer cumprir todas as etapas do complexo procedimento para a apuração dos crimes eleitorais, previsto do artigo 355 ao 364 do Código Eleitoral, apenas pela singeleza de ser um crime de competência de uma Justiça Especializada.

Nesse sentido, decisão do Tribunal Superior Eleitoral:

"INFRAÇÕES PENAIS ELEITORAIS. PROCEDIMENTO ESPECIAL. EXCLUSÃO DA COMPETÊNCIA DOS JUIZADOS ESPECIAIS. TERMO CIRCUNSTANCIADO DE OCORRÊNCIA EM SUBSTITUIÇÃO A AUTO DE PRISÃO. POSSIBILIDADE. TRANSAÇÃO E SUSPENSÃO CONDICIONAL DO PROCESSO. VIABILIDADE. PRECEDENTES. É possível, para as infrações penais eleitorais cuja pena não seja superior a dois anos, a adoção da transação e da suspensão condicional do processo, salvo para os crimes que contam com um sistema punitivo especial, entre eles aqueles cuja pena privativa de liberdade se cumula a cassação do registro se o responsável for candidato, a exemplo do tipificado no artigo 334 do Código Eleitoral".[93]

O Tribunal Regional Eleitoral do Rio Grande do Sul também se posicionou nesse mesmo sentido, *in verbis:*

"PROCESSO PENAL ELEITORAL. TRANSAÇÃO. Cabe, também nos crimes eleitorais de menor potencial ofensivo, a aplicação do sistema processual penal da Lei nº 9.099/95. Recurso recebido como apelação e assim provido".[94]

Assim, a conclusão é pela possibilidade de aplicação das regras da Lei nº 9.099/95 aos crimes de menor potencial ofensivo de caráter eleitoral, perante a Justiça Eleitoral.

### 8. Estatuto do Idoso

O Estatuto do Idoso foi instituído pela Lei nº 10.741, de 1º de outubro de 2003, destinado a regular os direitos assegurados às pessoas com idade igual ou superior a 60 (sessenta) anos.

---

[93] R.J.T.S.E. – Revista de Jurisprudência do TSE, Volume 14, Tomo I, p. 407. Rel. Min. Sálvio de Figueiredo Teixeira, Brasília-DF, 07.11.2002.
[94] T.R.E. – RC – Recurso Criminal nº 61999. Rel. Dr. Manoel Lauro Volkmer de Castilho, Porto Alegre-RS, 14.11.2001.

Dita legislação trata dos direitos fundamentais, das medidas de proteção, da política de atendimento ao idoso e, como não poderia deixar de faltar (como ocorre na maioria das legislações produzidas no Brasil), trata dos crimes e das penas.

De relevo para a nossa análise destaca-se o artigo 94, que diz: "Aos crimes previstos nesta Lei, cuja pena máxima privativa de liberdade não ultrapasse 04 (quatro) anos, aplica-se o procedimento previsto na Lei nº 9.099/95, e, subsidiariamente, no que couber, as disposições do Código Penal e do Código de Processo Penal."

O artigo 95 apenas refere que a ação penal nos crimes previstos no Estatuto do Idoso será sempre de iniciativa pública incondicionada e que não se lhes aplicam os artigos 181 e 182 do Código Penal, que tratam das escusas absolutórias ou imunidade penal para os crimes patrimoniais praticados em prejuízo de familiares.

Após, dos artigos 96 a 109, cria novos tipos penais que tutelam os atuais direitos dos idosos. Destes, apenas 02 (dois) possuem pena máxima em abstrato superior a 04 (quatro) anos: o artigo 99, § 2º, que é um tipo penal semelhante ao crime de maus-tratos, porém qualificado pelo resultado morte (preterdoloso), cuja pena cominada é de 04 a 12 anos de reclusão; e o crime do artigo 107, que cuida da coação do idoso para doar, contratar, testar ou outorgar procuração e que possui pena cominada de 02 a 05 anos de reclusão.

Deste modo, salvo esses dois crimes ora referidos, os demais são alcançados pela regra do artigo 94, já que todos possuem pena cominada em abstrato igual ou inferior a 04 (quatro) anos.

Num primeiro momento, aparenta perplexidade esse artigo 94, uma vez que o Estatuto do Idoso é uma legislação de cunho protetivo aos direitos e interesses das pessoas albergadas pelo novo conceito de "idoso" e, ao determinar a aplicação do procedimento da Lei nº 9.099/95 a estes crimes, parece que se está permitindo a utilização dos institutos despenalizadores para os autores desses crimes. Entretanto, tal não ocorre na medida em que se determina a adoção apenas do procedimento da Lei, vale dizer, pretendeu-se com isso alcançar a celeridade na prestação jurisdicional desses *casos em que o Idoso é vítima*, em virtude dos princípios que norteiam o procedimento da Lei nº 9.099/95, como oralidade, simplicidade, informalidade, economia processual e celeridade.

Busca-se essa interpretação nos princípios que regem essa lei, de cunho eminentemente protetivo da pessoa do idoso, e também pela afirmação do artigo 71, que assegura a prioridade na tramitação de processos e de procedimentos e na execução de atos e diligências judiciais em que figure como parte ou interveniente pessoa com idade igual ou superior a 60 (sessenta) anos, em qualquer instância.

Salientamos que interpretação em contrário, estendendo as medidas despenalizadoras da Lei nº 9.099/95 aos acusados de crimes contra os idosos, será a incompreensão e a negação do próprio Estatuto, o que seria de uma incoerência inaceitável.[95]

Outrossim, parece-nos possível interpretar no sentido de que nos casos em que o Idoso for o infrator é possível se estender as medidas despenalizadoras, inclusive a transação penal, em seu benefício, para os crimes cuja pena não ultrapasse os 04 anos de privação da liberdade.

## 9. Violência Doméstica

Os casos de violência doméstica são um dos principais vetores dos Juizados Especiais Criminais, na medida em que os crimes de maus-tratos, de ameaça e de lesões corporais leves, que pelo apenamento são considerados de menor potencial ofensivo, são os de maior incidência nos lares brasileiros e, por conseqüência, são os de mais elevada reiteração no dia-a-dia dos Juizados Criminais.

Alguns doutrinadores criticaram severamente a Lei ao relativizar o bem jurídico integridade corporal e exigir representação da vítima como condição de procedibilidade para o desencadeamento da ação penal nos crimes de lesão corporal leve. Conforme aponta Lenio Luiz Streck:

"com a necessidade de representação (provocação prévia do cidadão para que o Estado processo o autor do delito),

---

[95] É como se criassem favorecimentos penais aos autores de crimes contra crianças no E.C.A.; ou benefícios aos autores de crimes contra as relações de consumo no Código de Proteção e de Defesa do Consumidor.

pode-se afirmar, com uma certa dose de sarcasmo, que a nova Lei permite o 'duelo' nos limites das lesões. Explicando: se duas pessoas resolvem brigar, e os ferimentos recíprocos forem leves, o Estado não interfere na 'relação' belicosa [...] (a não ser que um deles faça a 'representação'!). Isso sem mencionar os problemas relacionados às brigas entre marido e mulher. A prática tem demonstrado que, ao ser surrada, a mulher tem medo de 'representar' contra o marido [...]. Ela vai continuar apanhando. Institucionalizou-se, pois, a surra doméstica [...]".[96]

A Lei nº 10.455/02, sensível a esse verdadeiro drama familiar que é a violência doméstica, alterou o parágrafo único do artigo 69 da Lei nº 9.099/95, passando a permitir medida cautelar de afastamento do lar, do domicílio ou local de convivência com a vítima, do autor do fato em casos de violência doméstica, nos mesmos moldes da ação cautelar de afastamento do lar do direito de família e também do afastamento do agressor da moradia comum previsto no artigo 130 do Estatuto da Criança e do Adolescente, para casos de maus-tratos, opressão ou abuso sexual praticados pelos pais ou responsáveis contra as crianças e os adolescentes.

Recentemente a Lei nº 10.886, de 17 de junho de 2004, criou um novo tipo penal para tratar da violência doméstica. Foram acrescidos ao artigo 129 do Código Penal os §§ 9º e 10º. Diz o § 9º: "Se a lesão for praticada contra ascendente, descendente, irmão, cônjuge ou companheiro, ou quem conviva ou tenha convivido, ou ainda, prevalecendo-se o agente das relações domésticas, de coabitação ou de hospitalidade. Pena – detenção, de 06 meses a 01 ano."

Na verdade, esse novo tipo penal quase nada alterou em termos de punição para essa forma criminosa. A sua única diferença está na fixação da pena mínima em 06 meses de detenção, ao passo que o *caput* do artigo 129, que define o tipo penal da lesão corporal leve, a fixa em 03 meses de detenção. Aparentemente, há um agravamento em virtude de a pena mínima ter sido dobrada. Entretanto, na prática, de nada adianta, pois continua sendo passível de transação pe-

---

[96] STRECK, Lenio Luiz. *Tribunal do Júri – Símbolos & Rituais*. Porto Alegre: Livraria do Advogado, 1998. p. 35.

nal, suspensão condicional do processo, *sursis*, substituível por pena de multa etc.

Por outro lado, mesmo o apenamento dobrado é ilusório, tendo em vista que esse novo tipo penal nada mais é do que a união do tipo penal da lesão corporal leve com as agravantes da pena do artigo 61, II, alíneas *e* e *f*. Assim, mesmo antes da alteração legislativa, se houvesse condenação por crime de lesão corporal leve, com alguma das agravantes, a pena seria fixada em patamares semelhantes. Além disso, agora, impossível a utilização dessas agravantes nos casos de violência doméstica em virtude do *non bis in idem*.

A única diferença nesse caso é a previsão de apenamento mais gravoso nos casos que envolvem companheiros ou conviventes, que antes dessa alteração legislativa não podiam ter a pena agravada, já que o artigo 61, II, *e* somente se refere ao cônjuge e, em face do princípio da legalidade, não poderia haver interpretação analógica extensiva contra os réus a fim de equiparar o cônjuge ao companheiro.

Já o § 10º, refere que: "Nos casos previstos nos §§ 1º a 3º deste artigo, se as circunstâncias são as elencadas no § 9º deste artigo, aumenta-se a pena em 1/3". Nestes casos, a previsão dessa causa especial de aumento de pena, por alguns denominada de majorante, traz significativo reflexo no apenamento.

Ao se referir aos §§ 1º a 3º, ele está criando esse aumento de pena de 1/3 para os crimes de lesões corporais graves, lesões corporais gravíssimas e lesão corporal seguida de morte. Contudo, a imensa maioria dos casos de violência doméstica não alcança esse tipo de lesão, ficando restritas as lesões corporais leves.

A afirmação de que essa majorante altera significativamente o apenamento decorre de que o acréscimo de 1/3 à pena mínima do crime de lesão corporal grave, previsto no artigo 129, § 1º, do Código Penal, que é de 01 ano de reclusão, faz com que o acusado por este crime não tenha direito ao benefício da suspensão condicional do processo.

Este mesmo acréscimo na pena do crime de lesão corporal gravíssima, previsto no § 2º do artigo do referido diploma legal, cuja pena mínima é de 02 anos de reclusão, faz com que, mesmo a pena-base sendo fixada no mínimo legal, com acréscimo de 1/3 na pena definitiva, não seja passível de recebimento do benefício do *sursis* por parte do condenado.

Por fim, o acréscimo de 1/3 ao apenamento mínimo do crime de lesão corporal seguida de morte, que é de 04 anos de reclusão, faz com que o condenado tenha que iniciar o cumprimento de sua pena, no mínimo, no regime semi-aberto, uma vez que sua pena será fixada acima de 04 anos.

### 10. Justiça Terapêutica

A Justiça Terapêutica é um programa judicial de atenção ao infrator criminal que seja dependente químico. No Brasil, a proposta onde a legislação seja cumprida harmonicamente com os fins sociais e tratamento às pessoas que praticam crimes em virtude de seu envolvimento com substâncias entorpecentes, pode ser chamada de Justiça Terapêutica.

Conforme leciona Ricardo de Oliveira Silva:

"A *Justiça Terapêutica* pode ser compreendida como um conjunto de medidas que visam aumentar a possibilidade de que infratores usuários e dependentes de drogas entrem e permaneçam em tratamento, modificando seus anteriores comportamentos delituosos para comportamentos socialmente adequados. O conceito de *justiça* engloba os aspectos do direito, legais e sociais, enquanto o termo *terapêutica*, relativo à ciência médica, define tratamento e reabilitação de uma situação patológica. Assim sendo, a nomenclatura *Justiça Terapêutica* consagra os mais altos princípios do direito na inter-relação do Estado e do cidadão, na busca da solução não só do conflito com a lei, mas conjugadamente aos problemas sociais de indivíduos e da coletividade, nas doenças relacionadas ao consumo de drogas. A adoção da expressão *Justiça Terapêutica* é justificada também por possibilitar a eliminação de possíveis estigmas que se criariam para as pessoas atendidas pelo sistema de justiça, caso fosse consignado o nome do local de atendimento e aplicação com a titulação 'juizado ou vara de medidas para usuários de drogas, de dependentes químicos, de tóxicos ou de entorpecentes' o que poderia, nesta última hipótese, ser confundida com outras operacionalizações judiciais já existentes. Por estas razões buscou-se, através de um método de observação sociológica, a terminologia própria e adequada que definisse o sistema jurídico-legal e, sem descaracterizá-lo, o dinamizasse em convergência com a evolução do fato social. Isto é possível através de uma nova filosofia de trabalho composta de aspectos sócio-terápicos. Essa nova forma de fazer justiça, nos casos da legislação, é o desenvolvimento da ciência jurídica fazendo interface com outras ciências. A *Justiça Terapêutica* é um novo paradigma para o enfoque e o enfrentamento da problemática das drogas em nosso país. Com uma denominação genuinamente brasileira e claramente definidora dos seus propósitos, tem recebido o integral apoio da Secretaria Nacional Antidrogas – SENAD, instância maior responsável pela elaboração das políticas de prevenção e tratamento das questões relacionadas ao consumo de drogas no país e da Secretaria Nacional de Justiça do Ministério da Justiça".[97]

Historicamente, o sistema jurídico criminal sempre trabalhou com a idéia de repressão ao uso de substâncias entorpecentes. Hoje, quem trabalha diretamente com usuários de drogas, seja na área jurídica ou na área de saúde, ou quem faz pesquisas sobre esse tema pode afirmar, sem dúvidas, que esse caminho não alcança, nem de longe, os resultados pretendidos.

Por outro lado, até mesmo em virtude desse fracasso da proposta repressiva, surgiram as idéias de liberalização e descriminalização do uso de substâncias entorpecentes, com uma idéia abolicionista em termos de punição criminal, mas que também não parece ser a solução para o problema do uso abusivo de entorpecentes.

Entretanto, a constatação diária é de que é cada vez maior o número de pessoas e em faixas etárias cada vez menores, que estão se iniciando na utilização de alguma substância entorpecente. Após essa iniciação e depois de passar a usá-la regularmente, muitos não conseguem mais se afastar dessa prática e podem incidir na triste situação de dependência química.

---

[97] SILVA, Ricardo de Oliveira. *Justiça Terapêutica: um programa judicial de atenção ao infrator usuário e ao dependente químico.* Site da Associação Nacional de Justiça Terapêutica. Disponível em www.anjt.org.br.

Desse modo, a utilização de substância entorpecente, que está diretamente ligada à prática de inúmeros ilícitos, sendo que a maioria é para o sustento do próprio vício, além de ser um problema de saúde pública, é também um complexo problema jurídico, já que, como antes referido, as duas propostas jurídicas existentes (repressão ou descriminalização) são ineficientes e ineficazes.

Nesse espectro, a Justiça Terapêutica surge como um novo viés, intermediário, que relativiza as duas propostas, tendo em vista que ela busca o atendimento do usuário através de uma intervenção do Estado, mas sem o caráter meramente repressivo e punitivo anterior.

A origem da Justiça Terapêutica está ligada à doutrina da proteção integral do Estatuto da Criança e do Adolescente. O ECA foi uma verdadeira revolução legislativa ao assegurar às crianças e aos adolescentes os direitos fundamentais previstos na Constituição Federal, deixando de tratá-los como objetos e passando a ser vistos como sujeitos de direitos e de obrigações.

A mola propulsora para a existência da Justiça Terapêutica está no artigo 98, inciso III, do ECA, que prevê a adoção de medidas de proteção à criança e ao adolescente em razão de sua conduta. Em seqüência, dentre as medidas de proteção específicas previstas no artigo 101, estão: requisição de tratamento médico, psicológico ou psiquiátrico, em regime hospitalar ou ambulatorial; e a inclusão em programa oficial ou comunitário de auxílio, orientação e tratamento a alcoólatras e toxicômanos.

Dessa forma, estava criado o instrumento legislativo necessário para a operacionalização da Justiça Terapêutica na área da infância e da juventude, com a determinação judicial para os tratamentos médicos e para a freqüência a programas de orientação para alcoolistas e para dependentes químicos àqueles jovens que tivessem praticado ato infracional.

Segundo a opinião de Luiz Achylles Petiz Bardou:

"Ainda, da área da infância e juventude se extraiu outro ponto que indica a melhor forma de trabalho dos órgãos envolvidos no atendimento ao adolescente autor de ato infracional, previsto no artigo 88, inciso V, está determinada a integração operacional dos órgãos do Judiciário,

Ministério Público, Defensoria Pública, Saúde Pública e Assistência Social, preferencialmente em um local, para efeito de agilização do atendimento ao adolescente a quem se atribua autoria de ato infracional. Verifica-se pois, a diretriz de uma integração operacional e a necessidade de cooperação entre esses organismos".[98]

Pela avaliação positiva dos resultados obtidos pela aplicação das medidas de proteção aos adolescentes infratores envolvidos com substâncias entorpecentes, lícitas ou ilícitas, que se passou a pensar na possibilidade de extensão dessas medidas aos adultos.

Ainda com Luiz A. P. Bardou, refere este que surgiu no Ministério Público do Rio Grande do Sul, em 1996 e 1997, o "Projeto Consciência", que integrou especialistas de saúde, assistência social e operadores do direito e gerou um programa do Ministério Público de atenção e informações sobre drogas nos planos jurídicos e de saúde, para apoio à atuação dos Municípios e dos Promotores de Justiça. Depois, em 1998, foi criado pelo Departamento de Recursos e Projetos Especiais do Ministério Público do RS, o "Projeto RS Sem Drogas", que buscava a capacitação e integração de operadores jurídicos com os profissionais de saúde, para ações conjuntas. Daí que foi trasladada do Estatuto da Criança e do Adolescente para a área dos adultos a idéia da Atenção Integral.[99]

Desses esforços, através de parcerias com o Poder Judiciário e com profissionais da área de saúde, passou-se a delinear a idéia de implementação da Justiça Terapêutica. O Rio Grande do Sul foi pioneiro nesse trabalho, em especial pelo trabalho dos Procuradores de Justiça gaúchos Ricardo de Oliveira Silva e Luiz Achylles Petiz Bardou, respectivamente Presidente e Vice-Presidente da Associação Nacional de Justiça Terapêutica.

Além de sua aplicação nos Juizados da Infância e da Juventude, como mostramos, já é possível a aplicação da Justiça Terapêutica, sem qualquer necessidade de alteração legislativa, em algumas hipóteses, para os adultos.

---

[98] BARDOU, Luiz Achylles Petiz. *Justiça Terapêutica: origem, abrangência territorial e avaliação.* Site da Associação Nacional de Justiça Terapêutica. Disponível em www.anjt.org.br

[99] BARDOU, Luiz Achylles Petiz. Op. cit.

São exemplos disso: a pena restritiva de direitos de limitação de fim de semana, prevista no artigo 48 do Código Penal, em seu parágrafo único, prevê a possibilidade de que sejam ministrados ao apenado cursos e palestras ou atividades educativas. Neste caso, o tratamento compulsório específico estaria ligado à obrigação de assistir palestras sobre os malefícios do uso e consumo de substâncias entorpecentes ou álcool.

No caso da suspensão condicional da pena, conhecida como *sursis*, além das condições especificadas no artigo 78 do Código Penal, o artigo 79 prevê a possibilidade de a sentença judicial estabelecer outras condições a que fica subordinada a suspensão, desde que adequadas ao fato e às condições pessoais do condenado. Deste modo, se o crime a que o agente foi condenado tiver alguma relação com a utilização de álcool ou drogas, o Juiz poderá fixar como condição do *sursis* o tratamento específico na área de saúde.

De acordo com Ricardo Oliveira Silva:

"A terceira referência legal existente se encontra no sistema dos Juizados Especiais Criminais, quando nos crimes de menor potencial ofensivo, 'havendo representação ou tratando-se de crime de ação penal pública incondicionada, não sendo caso de arquivamento, o Ministério Público poderá propor a aplicação imediata de pena restritiva de direitos ou multas, a ser especificada na proposta'. E, considerando-se infrações penais de menor potencial ofensivo, para os efeitos desta lei, as contravenções penais e os crimes a que a lei comine pena máxima não superior a 1 (um) ano, excetuados os casos em que a lei preveja procedimento especial. Como já vimos, dentre as penas restritivas de direitos, a que melhor se adequa é a limitação de fim de semana, que permite a imposição de tratamento sob a forma de cursos, palestras e atividades específicas. A imposição dessa sanção não constará de certidão de antecedentes criminais do agente, pois, 'acolhendo a proposta do Ministério Público aceita pelo autor da infração, o Juiz aplicará a pena restritiva de direitos ou multa, que não importará em reincidência, sendo registrada apenas para impedir novamente o mesmo benefício no prazo de 5 (cinco) anos'".[100]

Ainda como o mesmo autor, salientando a possibilidade de aplicação imediata dos institutos da Justiça Terapêutica no nosso ordenamento jurídico, aponta que:

"Outra previsão legal tem assento ainda na mesma Lei dos Juizados Especiais Criminais, mas quando esta dispõe acerca da suspensão do processo. Nos crimes em que a pena mínima cominada for igual ou inferior a 1 (um) ano, o Ministério Público, ao oferecer a denúncia, poderá propor a suspensão do processo. Aceita a proposta pelo acusado e seu defensor, na presença do juiz, este, recebendo a denúncia, poderá suspender o processo, submetendo o acusado a período de prova, sob as seguintes condições do artigo 89 da Lei. Todavia, 'o juiz poderá especificar outras condições a que fica subordinada a suspensão, desde que adequadas ao fato e à situação pessoal do acusado' Essa cláusula alerta da lei autoriza o juiz do processo a estabelecer outras condições a que fica subordinada a suspensão. E é razoável a interpretação de que uma dessas outras condições possa ser a obrigatoriedade de o acusado se submeter a tratamento contra as drogas, exatamente dentro do conceito filosófico da Justiça Terapêutica".[101]

Com isso, demonstra-se que basta que haja o interesse dos atores jurídicos com atribuições e competência para o trato dos delitos de menor potencial ofensivo para que seja implementada ativamente a atuação da Justiça Terapêutica nos Juizados Especiais Criminais. Contudo, há necessidade de compreensão do tema, aceitação das medidas, atualização jurídica e interesse na aproximação do trabalho jurídico com os profissionais da área de saúde.

É que quem trabalha diretamente com isso facilmente detecta que a grande maioria das infrações penais que deságuam nos Juizados Especiais Criminais é decorrente da utilização abusiva de álcool ou de alguma substância entorpecente. Como exemplo disso citamos os casos de violência doméstica: como lesões corporais, maus-tratos e ameaças; os delitos de trânsito: lesões culposas, embriaguez ao volante; e também o delito de uso de substância entorpecente.

---
[100] SILVA, Ricardo de Oliveira. Op. cit.
[101] Idem.

Para todos esses delitos, como regra, a aplicação de penas restritivas de direitos, desacompanhada de alguma determinação de tratamento, não gera os efeitos necessários e, como conseqüência, ocorre a reincidência nos mesmos delitos. Isso leva ao descrédito e aumenta a sensação de impunidade.

A determinação judicial para o tratamento do uso da substância entorpecente ou do álcool faz com que a decisão judicial não apenas puna a conseqüência do crime, como de regra é feito, mas faz também com que se atinjam as causas desses delitos, buscando dar uma solução para essa problemática.

Com essa rápida exposição, que teve apenas a intenção de tratar do tema, firmamos posição de adesão e de recomendação da aplicação efetiva das idéias da Justiça Terapêutica nos Juizados Especiais Criminais.

### 11. Justiça Restaurativa

A Justiça Restaurativa é considerada uma nova proposta de abordagem na área criminal e se fundamenta na reparação dos danos causados às pessoas vítimas ao invés da mera punição dos transgressores pelo Estado, como ocorre na Justiça "tradicional". Aqui, o transgressor precisa assumir a responsabilidade pelo seu ato, e a responsabilização é feita através das Câmaras Restaurativas.

Nessas Câmaras, conduzidas por um mediador, todos os envolvidos (vítimas, amigos e outras pessoas relacionadas ao caso) podem apresentar o seu ponto de vista sobre a ocorrência. O objetivo é fazer com que a comunidade afetada pelo crime e os envolvidos negociem a melhor forma de reparar o dano e alcancem a conciliação.

A Justiça Restaurativa tem inspiração no trabalho do psicólogo Marshall Rosemberg, conhecido mediador internacional e fundador do Centro de Comunicação Não-Violenta (CNVBrasil).

Um dos principais incentivadores da Justiça Terapêutica é o Juiz de Direito gaúcho Leoberto Narciso Brancher, titular do 3º Juizado Regional da Infância e da Juventude de Porto Alegre. Ele é o coordenador do projeto "Testando Práticas Restaurativas Junto ao Sistema de Justiça Brasileiro", que tem como objetivo imprimir novos valores na atual estrutura da Justiça brasileira.

Em seu pronunciamento durante o III Encontro de Magistratura, em 28 de abril de 2005, em São Luis/MA, enfatizou a necessidade e a eficiência da cultura de paz através do diálogo na prática diária da Justiça, ao substituir antigos valores do sistema tradicional, como reabilitação, repressão, incapacitação e punição por outros que possam reconstituir ou recuperar a dignidade do ser humano. Por meio da promoção de encontros que possam propiciar aos envolvidos a oportunidade de serem conscientizados da importância de terem conduta modificada e, a partir daí, levados à reintegração social.

De acordo com o magistrado: "a Justiça Restaurativa inova o conceito de crime e dá oportunidade para que as pessoas envolvidas façam a sua narrativa, exercendo um papel terapêutico, 'é um fato disciplinador e revolucionário que promove a cura do sofrimento'. Outro exemplo de mudança de valores se verifica no processo decisório, que na justiça retributiva fica a cargo de autoridades do Direito, como policiais, delegados, promotores, juízes, com caráter de unidimensionalidade. Na Justiça Restaurativa, a decisão terminativa do conflito passa a ser compartilhada com as pessoas envolvidas, ou seja, com as vítimas, infratores e a comunidade, assumindo o papel de interdisciplinariedade".

A eficácia da Justiça Restaurativa deve-se à troca de antigos procedimentos do sistema penal tradicional por novos: participação comunitária com as pessoas envolvidas em vez do ritual solene e público; do princípio da oportunidade à indisponibilidade da ação penal e troca de atores principais – que na justiça retributiva são as autoridades e os profissionais do Direito, pelas vítimas, infratores e pessoas da comunidade que assumem o papel principal. Para o Dr. Leoberto N. Brancher: a hipocrisia que o sistema promove de não prestar compromisso com a verdade elimina a possibilidade de a pessoa se abrir, ao passo que o confronto da vítima com o criminoso faz com que este seja sensibilizado com o trauma da vítima e se sinta responsabilizado pelo que fez, e não simplesmente punido.[102]

---

[102] Notícias da Corregedoria-Geral da Justiça do Maranhão. Disponível em www.cgj.ma.gov.br/detalhes.asp?intnoticiaid=5435

Pelo que se observa, é insipiente a tentativa de adoção da Justiça Restaurativa no Brasil, com as iniciais experiências do magistrado Leoberto Narciso Brancher e concentradas na área da infância e da juventude. Essa implantação, em caráter experimental, tem apoio do programa da ONU para o Desenvolvimento e da Secretaria de Reforma do Judiciário do Ministério da Justiça.

Existem experiências positivas na Nova Zelândia, cujo modelo foi apresentado em Porto Alegre, junto ao projeto-piloto na 3ª Vara da Infância e da Juventude. Conforme Gabrielle Maxwel: os resultados da pesquisa realizada entre 1998 e 2004, com financiamento do governo neozelandês, que pretendia identificar quais as melhores práticas de sistema e se os objetivos eram alcançados, foram positivos. A conclusão sobre a aplicação dos princípios da Justiça Restaurativa é positiva. Os jovens conseguem ter uma vida normal, arrumam empregos e amigos.[103]

Entretanto, pelos princípios que norteiam essa nova modalidade de abordagem na área criminal, parece-nos possível a tentativa de estender sua incidência para algumas situações de crimes de menor potencial ofensivo. É que a busca pelo diálogo, a cultura da paz, a conscientização do infrator, a busca da reparação do dano e a participação da vítima no encontro, são todos possíveis de ocorrência nas audiências de conciliação civil dos Juizados Especiais Criminais. Até mesmo a idéia de despenalização. Resta como dificuldade a ser superada a maior participação da comunidade, mas não nos parece haver um claro impedimento disso.

Esse tipo de Justiça busca chegar às causas dos crimes e definir o que pode ser feito para minimizar os danos. Esse processo necessita de facilitadores, como: educadores, psicólogos e assistentes sociais, que devem trabalhar em conjunto com a autoridade policial, Ministério Público, Poder Judiciário e advogados.

É evidente que seria necessário um experimento e com casos bem selecionados, sob pena de completo fracasso, já que, em nosso meio jurídico e social, qualquer tentativa de

---

[103] MAXWEL, Gabrielle. A palestrante é psicóloga criminologista e diretora do Centro de Pesquisas do Crime e da Justiça na Universidade de Victoria. Jornal Correio do Povo, de 26.06.05, p. 18.

despenalização e trato diferenciado em relação a condutas criminosas, mesmo que para situações insignificantes, é tachada de impunidade.

## 12. Transação Penal: uma nova modalidade de ação penal

O conceito de transação penal vem do latim *transactio*, no sentido de exprimir uma espécie de negociação, em sentido gramatical, um sentido de pacto no qual as pessoas realizam um contrato, ou negociam, a fim de prevenir um litígio, ou mesmo colocar fim a um determinado litígio que se tenha iniciado. Cumpre a transação penal a tarefa de evitar a contestação. Assim, esta terá sempre um caráter consensual; por esta razão, este acordo é também denominado de composição amigável.

No direito civil, a transação consiste num "negócio jurídico bilateral, através da qual às partes interessadas fazendo concessões mútuas, previnem ou extinguem obrigações litigiosas ou duvidosas". Trata-se de uma solução contratual da lide.

A transação penal tem a mesma função do direito civil, qual seja, a de extinguir ou prevenir o litígio. Deste modo, no âmbito penal, o Ministério Público e o autor do fato deverão, quando em audiência preliminar, estabelecer um determinado acordo sobre uma proposta de aplicação de pena, onde cada parte deverá abrir mão de parte dos seus direitos, sempre com o objetivo de extinguir o litígio.

Antônio Carlos do Santos Bitencourt[104] reforça a tese de que a transação penal é um negócio jurídico, dizendo que:

"A proposta da pena depende da aceitação do réu. Em sua gênese, portanto é um negócio processual bilateral, que se perfaz com a concorrência de vontades. Tem um conteúdo transacional evidente, porque compreensivo de vantagens e desvantagens dispostas: para o Ministério Público, não pleitear pena mais grave, mas em contrapartida obter a sanção alternativa imediata, observando a satisfação da pretensão punitiva; para o réu, o reconheci-

---

[104] BITENCOURT, Antônio Carlos dos Santos. *Justiça penal pactuada*. Belo Horizonte: Nova Alvorada, 1997, p. 109-110.

mento do que é pedido, admitindo a autoria e o juízo de censura por inteiro, com a desvantagem de uma pena pecuniária, ou restrição de direitos, como conseqüência jurídica, mas a segurança de não vir a ter restringida a sua liberdade, ao tempo da aceitação e ao mesmo tempo em que nada registra a seu desfavor."

A transação penal no Brasil é um instituto novo e, por força da Constituição Federal de 1998, em seu art. 98, inciso I, vem sendo apontada como uma das formas despenalizadoras mais importantes da atualidade, sem descriminalizar, aduzindo-se, entre outras razões, a de reparar os danos e os prejuízos que a vítima sofrer, "é o juizado da vítima", como refere Nereu Giacomolli[105] e, por ser mais econômica, entre outros benefícios, o conceito deste instituto é bastante variado.

Para Antônio Roberto Sylla,[106] a Transação Penal pode ser conceituada de uma maneira mais geral quando diz que:

"[...] se pode conceituar a transação penal como sendo um instituto jurídico onde, estando presentes os requisitos legais, o Ministério público dispõe da ação penal, propondo ao autor de uma infração de menor potencial ofensivo a aplicação da pena não privativa de liberdade, que, abrindo mão do direito de ampla defesa, aceita esta proposta".

Contudo, a questão controvertida em relação à transação penal é no sentido de ela ser ou não uma nova modalidade de ação penal.

Todas as pessoas têm o direito de invocar a prestação jurisdicional do Estado, sendo que este, no interesse da sociedade, resolve as lides ou conflitos de interesses através da jurisdição, evitando (e proibindo) a autodefesa do particular. Deste modo, havendo uma pretensão insatisfeita, o particular tem o direito de pedir a tutela jurisdicional do Estado. Daí surge a ação, como direito de invocar os órgãos judiciários para que solucionem as lides, aplicando as normas de direito.

A teoria geral da ação é a mesma nos processos penal, civil, trabalhista e tributário, pois a ação como um todo tem a mesma finalidade e os mesmos princípios. O direito de ação

---

[105] GIACOMOLLI, Nereu José. Op. cit., p. 51.
[106] SYLLA, Antônio Roberto. Op. cit., p. 63.

é autônomo, abstrato e instrumental. Dentre esses vários tipos de ações, temos a ação penal, que é o objeto de nossa avaliação.

A ação penal é o direito subjetivo de exigir do Estado a prestação jurisdicional sobre uma determinada relação de direito penal. É uma das fases da persecução penal, que num primeiro momento é administrativa, quando faz a investigação da autoria e da existência material de um delito; e num segundo momento é jurisdicional, quando há a postulação do titular da ação penal perante os órgãos jurisdicionais, buscando a aplicação de pena e a redução de direitos do acusado.

Conforme Afrânio Silva Jardim: no processo penal a pretensão punitiva é sempre insatisfeita, pois a pena não pode ser aplicada senão por meio do processo.[107]

Como regra, no direito processual penal brasileiro, a ação penal se inicia com o oferecimento da denúncia pelo Ministério Público ou pela queixa-crime pelo ofendido ou por seu representante legal. Não há referência à transação penal. Mas isso decorre dela ser um instituto processual penal novo, recente, cuja previsão específica constou na Lei nº 9.099/95.

Ocorre que, no direito, geralmente, tanto na doutrina quanto nos Tribunais, tudo o que é "novo" encontra uma certa dificuldade de aceitação e até de compreensão e, inicialmente, as interpretações se fundamentam no direito anterior, limitando a extensão do direito novo.[108]

E isso também ocorreu com a Lei dos Juizados Especiais Criminais, que criou a justiça penal consensual no Brasil e, em decorrência, vários novos institutos. As primeiras interpretações, fazendo a leitura (equivocada) com base no direito anterior, apontavam para inconstitucionalidades da Lei por infringir os princípios da ampla defesa e do devido processo legal. E esses equívocos ocorriam porque não havia a exata

---

[107] JARDIM, Afrânio Silva. *Direito Processual Penal – Estudos e Pareceres*. Rio de Janeiro: Forense, p. 112.

[108] Isso aconteceu com a Constituição Federal, com a lei da Ação Civil Pública, com o Código de Defesa do Consumidor, com o Estatuto da Criança e do Adolescente, com os Crimes Ambientais praticados pela pessoa jurídica, dente outros. Há uma inicial dificuldade de compreensão, quando a alteração é radical, pois os atores jurídicos necessitam de um tempo para a adaptação, já que houve um rompimento com o direito anterior, que eles haviam estudado, aplicado, interpretado etc.

compreensão da justiça consensual e de que este era o devido processo legal para os crimes de menor potencial ofensivo.[109]

Em relação à transação penal, igualmente, incorreram-se em interpretações negando a sua natureza de ação penal, exatamente porque no direito processual penal brasileiro a ação penal pública se inicia com a denúncia, e a ação penal de iniciativa privada, com a queixa-crime. Assim, não poderia a transação penal ser uma espécie de ação penal [...]

Ocorre que, como dito, a Lei dos Juizados Especiais Criminais, que é a legislação penal e processual penal mais moderna e mais inovadora dos últimos 60 anos no Brasil, deve ter uma interpretação nova, desvinculada dos dogmas firmados anteriormente sobre ação penal. E essa conclusão não se limita a uma discussão acadêmica, pois tendo a transação penal natureza jurídica de ação penal, ocorrem mudanças na sua forma de propositura.

A primeira premissa é em relação ao procedimento dos Juizados Especiais Criminais, que é trifásico: a primeira fase é a preliminar, que vai do artigo 69 ao 76; a segunda fase é a processual, que vai do artigo 77 ao 87; após vem a fase executória da Lei n° 9.099/95. A maioria da doutrina sustenta que a primeira fase é administrativa, e a segunda e a terceira fases são jurisdicionais.

Discordamos do caráter meramente administrativo da fase preliminar. Com efeito, como pode ser administrativo um procedimento que exige a presença de: 1) um Magistrado, 2) de um agente do Ministério Público, 3) de um defensor habilitado, 4) de um autor do fato, 5) de um termo circunstanciado, que indica a prática de um crime de menor potencial ofensivo, 6) de uma sala de audiências dentro do Foro, 7) onde vai haver a aplicação de uma pena criminal (não-privativa de liberdade) através de um acordo, 8) que vai ser homologado por sentença pelo Magistrado, 9) que dessa sentença

---

[109] Concordamos com Afrânio Silva Jardim quando diz que: "Sempre que surge uma lei nova há um certo afogadilho, uma certa necessidade de alguns autores e professores de lançar posições novas, 'criar em cima da lei'. E isto é bom, porque sacode aquele nosso espírito do Direito Conservador. Mas, às vezes, a coisa vai ousada demais e perdemos os limites na interpretação da Lei n° 9.099/95. Obras publicadas de imediato, com posições muito pessoais e opinativas, acabam, pela autoridade e importância de seus autores, seduzindo a comunidade jurídica e, só com o tempo, demoradamente, é que colocamos as coisas nos trilhos novamente". *In* Direito Processual Penal, p. 335.

cabe recurso de apelação, 10) para uma Turma Recursal, composta por três Juízes de Direito de entrância final, 11) que julgarão o recurso através de um acórdão.

Ora, isso não tem nada de administrativo, sendo que a prática de todos esses atos está vinculada ao exercício de ação perante órgão investido de jurisdição e de competência. A fase administrativa dessa persecução se encerrou com a remessa do Termo Circunstanciado pela autoridade policial[110] ao Juizado Especial Criminal. A partir daí, todos os atos seguintes têm caráter jurisdicional, inclusive com a redução de diretos do autor do fato, que terá que cumprir uma pena criminal e não poderá mais fazer uso desse benefício pelo prazo de 05 (cinco) anos.

A única explicação existente para se afirmar que é uma fase administrativa é que "a ação penal se inicia com a denúncia", e o oferecimento da denúncia nesse procedimento se dá na segunda fase, conforme artigo 77 da Lei.

Pois afirmamos que isso não afasta o caráter jurisdicional e processual da fase preliminar. Conforme leciona Afrânio Silva Jardim:

> "[...] quando o Ministério Público apresenta em juízo a proposta de aplicação de pena não privativa de liberdade, prevista no artigo 76 da Lei nº 9.099/95, ele está exercendo ação penal, pois deverá, ainda que de maneira informal e oral – como a denúncia – fazer uma imputação ao autor do fato e pedir a aplicação de uma pena, embora esta fique na dependência de assentimento do réu".[111]

Ainda, nesse mesmo sentido, apontando a possibilidade de entendimento de que a transação penal seja uma forma de exercício da ação penal, comenta Paganella Boschi:

> "[...] como sustentou o eminente Juiz de Alçada gaúcho Tupinambá Pinto Azevedo, em recente painel na Pontifícia Universidade Católica do Rio Grande do Sul, a ação penal, no âmbito dos Juizados Especiais Criminais, é desencadeada, em realidade, antes mesmo do oferecimento da de-

---

[110] Entendemos como "autoridade policial" qualquer autoridade de instituição legitimada ao combate da criminalidade, como a Polícia Militar, Ministério Público, Comissão Parlamentar de Inquérito, etc.
[111] JARDIM, Afrânio Silva. *Ação Penal Pública: Princípio da Obrigatoriedade*. 4ª ed. Rio de Janeiro: Forense, 2001, p. 107.

núncia, no preciso momento em que o Ministério Público, na audiência a que se refere o art. 72, propõe a transação ao autor do fato infracional definido como de menor potencial ofensivo".[112]

Sustentamos que essas duas fases do procedimento da Lei nº 9.099/95 são semelhantes às duas fases do procedimento dos crimes de competência do Tribunal do Júri: a primeira vai do oferecimento da denúncia até a sentença de pronúncia; e a segunda vai do oferecimento do libelo crime acusatório até o julgamento do réu perante o Tribunal do Júri. E nem por isso se diz que existem duas ações penais. Na primeira fase, o réu se defende da denúncia, e na segunda, a defesa dele se dá em relação ao libelo crime acusatório. Se ocorrer a impronúncia, desclassificação ou absolvição sumária, não haverá a segunda fase do procedimento. Na verdade, ocorre o exercício de uma só ação penal, mas em duas fases e através de duas modalidades: denúncia e libelo.

Nos Juizados Especiais Criminais é a mesma coisa. Se ocorrer o acordo civil (quando couber) ou a aceitação da proposta de transação penal, não ocorrerá a segunda fase. Por outro lado, se isso não ocorrer, ou porque não foi aceita ou porque o autor do fato não tinha direito a receber proposta de transação penal, ocorrerá a segunda fase com o oferecimento de denúncia. Assim, haverá uma só ação penal, em duas fases e por duas modalidades: transação penal e denúncia.

As duas modalidades de ação penal, proposta de transação penal e denúncia, têm a mesma finalidade, que é a redução de direitos do acusado e a aplicação de uma pena criminal, e ambas ocorrem na fase jurisdicional da persecução criminal, onde o titular da ação penal dirige a sua pretensão acusatória perante o Poder Judiciário.

Em decorrência desse entendimento, sustentamos que não há qualquer mitigação ou relativização do princípio da obrigatoriedade da ação penal pública nos Juizados Especiais Criminais. Ora, se a proposta de transação penal já é exercício de ação penal, havendo os requisitos mínimos para o oferecimento da proposta, ela obrigatoriamente deve ser feita,

---
[112] BOSCHI, José Antônio Paganella. Op. cit., p. 26.

não sendo objeto de análise de oportunidade ou conveniência. Os casos de não-oferecimento de proposta de transação penal pela análise de um termo circunstanciado são os mesmos casos de arquivamento de inquérito policial, com a regra de controle do artigo 28 do Código de Processo Penal.

Nosso entendimento é comungado por Marcellus Polastri Lima, quando afirma que:

> "Em relação à transação penal com proposta imediata de pena alternativa, prevista no art. 76 da Lei nº 9.099/95, não ocorre, também, mitigação ou abandono ao princípio da obrigatoriedade, uma vez que haverá a aplicação de pena alternativa, sendo que o Ministério Público e o Juiz, respectivamente, seguirão o procedimento legalmente previsto para a proposição e aplicação da pena".[113]

Para Paulo Rangel também há incidência do princípio da obrigatoriedade na proposta de transação penal, rechaçando a idéia de adoção do princípio da oportunidade:

> "O juiz exerce a fiscalização sobre o princípio da obrigatoriedade de transação penal, pois a discricionariedade do Ministério Público, no art. 76 da Lei nº 9.099/95, é apenas para verificar se a hipótese é ou não de transação. Sendo, deve fazê-la. Do contrário, requer o arquivamento do termo, ou oferece denúncia, fundamentando a impossibilidade da proposta".[114]

A importância disso na prática está em que, como regra, os agentes do Ministério Público fazem a proposta de transação penal indistintamente a todos os autores do fato que comparecerem à audiência preliminar. Após, nos casos em que não há a aceitação, passa a ser feita a análise das condições da ação e da existência de justa causa para o oferecimento de denúncia. Isso não pode ocorrer. Sendo a transação penal uma nova modalidade de ação penal, essa análise do agente ministerial deve ser feita antes da proposta de transação penal. Assim, se desde logo não perceber condições para oferecimento de denúncia, não deve sequer ser proposta a transação penal. Por outro lado, sempre que for feita a proposta de transação e esta não for aceita, deve ser

---

[113] LIMA, Marcellus Polastri. Op. cit., p. 329.
[114] RANGEL, Paulo. Op. cit., p. 178.

imediatamente oferecida à denúncia, pois a análise da justa causa e das condições da ação penal já havia sido feita antes da proposta de transação.

Da mesma forma, o Magistrado não pode permitir que seja encaminhada proposta de transação penal ao autor do fato, sem que haja condições mínimas para o desencadeamento de ação penal: provas mínimas do fato, legitimidade da parte, interesse processual, possibilidade jurídica do pedido, enfim, sem que haja uma demonstração, mesmo que singela, de justa causa.

Concluímos, afirmando que a proposta de transação penal, que é modalidade de ação penal, somente pode ser feita nos casos em que o agente ministerial tiver feito análise semelhante àquela que faz para o oferecimento da denúncia e tiver vislumbrado elementos suficientes para o desencadeamento de ação penal contra o autor do fato.

# Bibliografia

BARDOU, Luiz Achylles Petiz. *Justiça Terapêutica: origem, abrangência territorial e avaliação*. Site da Associação Nacional de Justiça Terapêutica. Disponível em www.anjt.org.br

BATISTA, Nilo. *Punidos e Mal Pagos*. Rio de Janeiro: Revan, 1990.

BITENCOURT, Antônio Carlos dos Santos. *Justiça Penal Pactuada*. Belo Horizonte: Nova Alvorada, 1997.

BITENCOURT, Cezar Roberto. *Juizados Especiais Criminais e Alternativas à Pena de Prisão:* Lei nº 9.099/95. 3ª ed. Porto Alegre: Livraria do Advogado, 1997.

——. *Lições de Direito Penal*. Porto Alegre: Livraria do Advogado, 1995.

BOSCHI, José Antônio Paganella. *Ação Penal – Denúncia, Queixa e Aditamento*. Rio de Janeiro. Aide, 1997.

BRANCHER, Leoberto Narciso. *Justiça Restaurativa: Infância e Juventude*. Site da Corregedoria-Geral de Justiça do Maranhão. Disponível em www.cgj.ma.gov.br

CÂNDIDO, Joel José. *Direito Eleitoral Brasileiro*. 6ª ed. Bauru-SP: Edipro, 1996.

FERRAJOLI, Luigi. *Derecho y Razón – Teoria Del Garantismo Penal*. Editora Trotta, 1995.

GERBER, Daniel. *Prisão em Flagrante: uma abordagem garantista*. Porto Alegre: Livraria do Advogado, 2003.

GIACOMOLLI, Nereu José. *Juizados Especiais Criminais*. Porto Alegre: Livraria do Advogado, 1997.

GOMES, Luiz Flávio. *Suspensão Condicional do Processo Penal*. São Paulo: RT, 1995. p.36-37.

——. *Novas Reflexões sobre a Natureza Jurídica da Suspensão Condicional do Processo: É ato discricionário, ato consensual bilateral ou direito público subjetivo do acusado?* Revista da Ajuris. nº 67. Porto Alegre, 1996.

——. *Juizados Criminais Federais: seus reflexos nos Juizados Estaduais e outros estudos*. Revista dos Tribunais, 2002.

GONÇALVES, Victor Eduardo Rios. *Juizados Especiais Criminais*: doutrina e jurisprudência atualizadas. São Paulo: Saraiva, 1998.

GRINOVER, Ada Pellegrini, *et al*. *Juizados Especiais Criminais*. São Paulo: Revista dos Tribunais, 1997.

JARDIM, Afrânio Silva. *Ação Penal Pública: Princípio da Obrigatoriedade*. Rio de Janeiro: Forense, 2001.

——. *Direito Processual Penal – Estudos e Pareceres*. Rio de Janeiro: Forense, 2002.

JESUS, Damásio Evangelista de. *Lei dos Juizados Especiais Criminais Anotada*. São Paulo. Saraiva, 1996.

——. *Leis dos Juizados Especiais Criminais Anotada*. 7ª ed. São Paulo: Saraiva, 2002.

KARAM, Maria Lúcia. *Juizados Especiais Criminais*. São Paulo: Revista dos Tribunais, 2004.

LIMA, Marcellus Polastri. *Curso de Processo Penal*. Vol. 1. 2ª edição. Rio de Janeiro. Lumen Juris, 2003.

LOPES, Maurício Antonio Ribeiro. *Princípio da Insignificância no Direito Penal:* analise a luz da Lei nº 9.099/95 – Juizados Especiais Criminais e da Jurisprudência atual. São Paulo: Revista dos Tribunais, 1997, v. 2.

MIRABETE, Julio Fabbrini. *Juizados Especiais Criminais:* comentários, jurisprudência, legislação. 5ª Ed. São Paulo; Atlas, 2002.

NOGUEIRA, Márcio Franklin. *Transação Penal*. São Paulo: Malheiros, 2003.

PAZZAGLINI FILHO, Marino. *Juizados Especiais Criminais*. São Paulo: Atlas, 1995.

PRADO, Geraldo. *Elementos para uma Análise Crítica da Transação Penal*. Rio de Janeiro: Lumen Juris, 2003.

RANGEL, Paulo. *Direito Processual Penal*. 7ª edição. Rio de Janeiro. Lumen Juris, 2003.

S. FILHO, José Carlos M. *Revista do ITEC, nº 7*. 2002.

SCHMIDT, Andrei Zenkner. *O Princípio da Legalidade Penal*. Porto Alegre: Livraria do Advogado, 2001.

SILVA, Ricardo de Oliveira. *Justiça Terapêutica: Um programa judicial de atenção ao infrator usuário e ao dependente químico*. Site da Associação Nacional de Justiça Terapêutica. Disponível em www.anjt.org.br

STRECK, Lenio Luiz. *Tribunal do Júri – Símbolos & Rituais*. 3ª ed. Porto Alegre: Livraria do Advogado, 1998.

SYLLA, Antônio Roberto. *Transação Penal Natureza Jurídica e Pressupostos*, São Paulo: Método, 2003.

TOLEDO, Francisco de Assis. *Princípios Básicos do Direito Penal*. 5. ed. São Paulo: Saraiva, 2002.

TOURINHO FILHO, Fernando da Costa. *Comentários à Lei dos Juizados Especiais Criminais*. São Paulo: Saraiva, 2000.

ZANATTA, Airton. *A Transação Penal e o Poder Discricionário do Ministério Público*. Porto Alegre, Sergio Antonio Fabris Editor, 2001.

*Impressão:*
Editora Evangraf
Rua Waldomiro Schapke, 77 - P. Alegre, RS
Fone: (51) 3336.2466 - Fax: (51) 3336.0422
E-mail: evangraf@terra.com.br